Paul MARGUERITTE

de l'Académie Goncourt

Adam, Ève et Brid'oison

PARIS

ERNEST FLAMMARION, ÉDITEUR

26, Rue Racine, 26

Quatrième mille

Adam, Eve et Brid'oison

ŒUVRES

De Paul Margueritte

GUERRE DE 1914-1918

Contre les Barbares.
L'Immense Effort.

ROMANS

Tous quatre.
La Confession posthume.
Maison ouverte.
Jours d'épreuve.
Pascal Géfosse.
Amants.
La Force des choses.
Sur le retour.
Ma Grande.
La Tourmente.
L'Essor.
La Flamme.
La Faiblesse humaine.
Les Fabrecé.
La Maison brûle.
Les Sources vives.
Nous, les mères...
L'Autre Lumière.
L'Embusqué.
Pour toi, Patrie.
Jouir.
Sous les Pins tranquilles.

NOUVELLES

Le Cuirassier blanc.
La Mouche.
Ame d'enfant.
L'Avril.
Fors l'honneur.
Simple Histoire.
L'Eau qui dort.
La Lanterne magique.

THÉATRE

Pierrot assassin de sa femme.
(Pantomime.)

IMPRESSIONS ET SOUVENIRS

Mon Père.
Alger l'hiver.
Le Jardin du passé.
Les Pas sur le sable.
Les Jours s'allongent.
Nos Tréteaux.

———

En collaboration avec

Victor MARGUERITTE

ROMANS

Le Carnaval de Nice.
Le Poste des neiges.
Femmes nouvelles.
Le Jardin du roi.
Les Deux Vies.
L'Eau souterraine.
Le Prisme.
Vanité.

UNE ÉPOQUE (1870-71)

I. — Le Désastre.
II. — Les Tronçons du glaive.
III. — Les Braves Gens.
IV. — La Commune.

NOUVELLES

La Pariétaire.
Poum.
Zette.
Vers la lumière.
Sur le vif.

THÉATRE

Le Cœur et la Loi.
L'Autre.

ÉTUDES SOCIALES

Quelques idées.
L'Élargissement du divorce.
(Brochure.)

PAUL MARGUERITTE

DE L'ACADÉMIE GONCOURT

Adam
Ève
et Brid'oison

PARIS
ERNEST FLAMMARION, ÉDITEUR
26, RUE RACINE, 26

ADAM, EVE & BRID'OISON

AVANT-PROPOS

« *Ceci est un livre de bonne foi* ».

J'y reprends des idées qui, de 1899 à 1909, eurent quelque retentissement ; et j'y appelle des réformes que la guerre, de ses immenses contre-coups, a rendues nécessaires.

M'opposera-t-on, une fois de plus, que la Société ne doit pas se sacrifier à l'individu, comme si l'un et l'autre n'avaient pas intérêts communs et même idéal ? Comme si la famille, support de la Patrie, en conquérant de nouveaux droits, n'assumait pas autant de devoirs !

Il se peut que certains me comprennent mal

et, sincères ou de parti-pris, me reprochent de toucher à l'Arche sainte, parce que j'entrevois un ordre de choses moins douloureux et plus humain ; alors que d'autres feindront de me comprendre trop, traduiront : liberté par licence et plaisirs bas.

Ne servant aucun parti, n'écrivant que pour les esprits noblement libérés, je me résigne aux attaques injustes, comme je désavoue les concours suspects.

P. M.

Hossegor, Eté 1918.

POURQUOI CE LIVRE

Dans ces pages, Adam et Ève incarnent l'instinct et le sentiment humains : tout ce qui fleurit en nous de libre et de naturel.

Brid'oison, c'est la « Fo-orme » sociale ; le dogmatisme des mœurs, de l'opinion, des lois : construction artificielle dont la sagesse moyenne comporte encore beaucoup d'erreur, d'injustice et de mensonge.

Ce n'est pas être l'ennemi de la Société que de la vouloir plus éclairée et plus consciente. Ce n'est pas manquer de respect aux idées reçues, que de constater certaines de leurs tares et de souhaiter qu'elles deviennent plus saines, à l'heure où les vertus de la race, magnifiquement déployées par nos soldats, promettent une France plus belle.

Une Société qui ne protège — ni comme jeune fille ni comme épouse — la femme, matrice de ses plus fécondes réserves et de son plus sûr avenir ;

Une Société qui n'assure pas la sécurité des enfants à naître et accepte de s'étioler dans une dépopulation égoïste ;

Une Société, qui laisse l'ouvrière rouler trop souvent à la prostitution, et l'ouvrier croupir dans l'alcoolisme et la tuberculose ;

Une Société qui ne fait presque rien pour rattacher le paysan à la terre nourricière ;

Une Société qui, sous l'armature de cadres monarchiques, tend à l'expansion de la démocratie et n'a su encore l'organiser, sinon pour la lutte de classes, au profit des politiciens et non des hommes d'action ;

Une Société qui subit la tyrannie de l'argent et ne respecte que l'argent, bien loin d'admettre la suprématie de l'intelligence ;

Une Société, dont les riches inertes ne soutiennent pas de leurs capitaux le labeur industriel et commercial ;

Une Société qui ne tire pas assez parti de son sol, de ses moyens de transport, de ses ressources économiques ;

Une Société dont le Code, vieux de cent ans, et même de vingt siècles, consacre des iniquités redoutables et impose à ses magistrats des jugements parfois inouïs ;

Une Société, qui n'a pas une Presse composée

de l'Elite intégrale, c'est-à-dire de toutes les valeurs pensantes et agissantes ;

Une Société sans Esprit public pour la contrôler et la conduire ;

Cette Société-là, si brillante soit sa façade, si vif l'élan qui l'anime, si chaud et si noble le sang qui a coulé à flots de ses veines ; cette Société, si glorieux soit son passé et si grand le spectacle qu'elle donne actuellement au Monde, cette Société-là n'est pas encore la Société idéale.

Je ne suis pas de ceux qui croient à l'absolu, mais au relatif. Si l'histoire démontre que le rayonnement d'un peuple, sa puissance et son éclat ne sont pas toujours nécessairement en rapport avec sa moralité, elle prouve aussi qu'aucune Association humaine ne peut vivre sans un certain nombre de vertus. La solidarité, l'organisation, l'altruisme sont de celles-là. La guerre, par l'admirable exemple de l'Union sacrée du Front, aura illuminé cette vérité. La guerre a révélé les splendides énergies en puissance de notre Société imparfaite. Le progrès va lentement, conquérant plus de bien-être, plus de justice. J'ai foi en cette vacillante, mais obstinée lumière.

De là, ces pages vouées à l'affranchissement de la Femme : notre mère, notre sœur, notre compagne, la mère de nos enfants ; de la Femme notre victime, notre alliée et, surtout, notre égale.

LA GUERRE ET LES FEMMES

LA GUERRE ET LES FEMMES

Un immense mouvement est en train de
s'accomplir, la guerre aura libéré la femme
de sa servitude séculaire. Ce que ses revendications les plus légitimes, ce que la voix des féministes, ce que congrès et associations n'avaient
pu obtenir, la nécessité l'a résolu.

Que l'homme y consente ou non, la guerre
aura affranchi par centaines de mille les jeunes
filles et les épouses de la tutelle tendre ou rude,
mais toujours plus ou moins oppressive, de leur
maître.

Ce n'est pas impunément que la femme aura
dans les professions les plus diverses, et souvent plus adaptées à ses qualités qu'à celles de
l'homme, témoigné de l'initiative, de la décision et une inlassable énergie. Que n'a-t-elle su
être à quoi l'on ne s'attendait guère ! Combien

de carrières et de métiers se sont-ils ouverts
pour elle, où le mâle, absent, n'a pu la con-
currencer ! Aux champs, aux usines, aux ou-
vroirs, aux hôpitaux, aux magasins, aux bou-
tiques, dans les bureaux des innombrables admi-
nistrations, la femme a su agir, commander,
vaincre les difficultés, se débrouiller en un mot.

**

Et ce n'est là qu'un aspect de la question :
l'aspect professionnel. La femme naguère récla-
mait des droits politiques. Après l'emploi qu'elle
a fait de ses plus belles qualités, comment les
lui refuser ? Ouvrière de la Cité en péril, qu'elle
a aidé à sauver, il sera juste qu'elle y coo-
père demain comme électrice, après-demain —
pourquoi pas — comme députée ou séna-
trice ?

A côté de la loi du mâle, conçue au seul profit du mâle, elle fera coexister la loi de la
femme ; et cette loi sera plus prévoyante, plus
généreuse envers tous les opprimés et tous les
faibles, plus consciente de la préservation de la
race minée par l'alcoolisme et la dépopulation.

****

Enfin, par l'enchaînement inflexible des choses, la femme s'émancipe à un point de vue beaucoup plus grave : dans son être intime et profond, dans son essence même. Le contact de la douleur et des réalités physiques, pour beaucoup de femmes et de jeunes filles, dans les ambulances d'une part, de l'autre les complications aventureuses des événements, amours fortuites, maternités imprévues, abandons cruels, auront hâté, hâtent chaque jour pour les femmes « l'évolution sexuelle », selon le mot heureux du D᷊ E. Toulouse (1).

La guerre a déchiré le nuage blanc dont on entourait leur virginité ; trop de précisions brutales ont défloré l'oreille des jeunes filles. Elles n'accepteront plus qu'on leur impose le dogme d'une fausse ignorance. Créées pour l'amour et la fécondité, elles voudront qu'on les instruise des risques et des responsabilités de leur mission, la plus belle qui soit.

Après la guerre, beaucoup de vierges seront en surnombre, et leurs chances d'union régulière

(1) L'*Évolution sexuelle*, livre empreint du plus large et du plus généreux féminisme.

d'autant plus diminuées. Elles tiendront à conquérir leur indépendance par le travail, et, par leur courage à accepter, avec l'enfant de l'amour, leur droit à l'amour.

Les répercussions d'une telle guerre, avec ses catastrophes et ses misères, atténueront le préjugé contre la fille-mère ; les besoins de la repopulation grandiront le respect de la maternité, légale ou non.

La femme mariée, elle, consentira de moins en moins aux liens d'un mariage qui l'opprime et où elle est traitée en mineure, dépossédée de ses biens, privée de ses droits les plus légitimes de contrôle et d'éducation ; d'un mariage qui, malheureux, ne lui laisse que cette alternative : tromper son tyran ou courir les chances d'une rupture d'où elle sort amoindrie, parfois déconsidérée.

Un contrat plus souple et plus libre s'imposera. La morale publique, à la soupape d'échappement incongrue qu'est l'adultère, n'hésitera pas à préférer la porte silencieusement ouverte par le divorce, avec consentement mutuel et même volonté d'un seul.

*
* *

Que ce soit dans l'ordre économique, politique

ou individuel, la guerre, qui a bouleversé les valeurs anciennes, modifie de fond en comble les statuts de l'éternelle serve.

La Paix de la Force et du Droit verra les Femmes nouvelles.

LA JEUNE FILLE

CE QU'ON LUI LAISSE IGNORER

L'instruction a tout prévu : l'indispensable et le superflu, le latin, le grec, les humanités, la philosophie, les mathématiques, l'histoire et la géographie, dix autres branches encore de l'Arbre de Science. Il n'y a qu'un point sur lequel l'Ecole et la Famille se refusent à renseigner les adolescents en mal de curiosité légitime : c'est la transmission de la vie, le mystère qui accompagne l'amour ou le plaisir ; tranchons le mot : l'initiation sexuelle.

Que les parents les meilleurs et les plus intelligents s'interrogent ? Ils le reconnaîtront : nulle question n'offre plus d'intérêt. De l'instinct qui rapproche les êtres selon le rythme de l'invincible attraction dépendent la constitution de la famille, cellule de l'ordre social ; toutes les modalités du sentiment et de la sensation, avec l'union libre, l'adultère, la paternité, et des fléaux tels que la prostitution, les vices secrets et les maladies prétendues honteuses.

La connaissance théorique, sommaire et suffisante des réalités physiques influera fatalement sur la moralité, sur la santé, sur la valeur personnelle et collective des jeunes gens.

Et ces mêmes parents, soucieux pourtant de l'épanouissement de leur race, par tradition, par préjugé séculaire ou esprit religieux, — oui, même chez les plus libérés, — jettent un voile de honte sur des précisions d'une telle importance, que la destinée de leur enfant, leur bonheur ou leur malheur futurs y sont étroitement liés.

Sincères et bons, ces parents préfèrent, au lieu d'être les conseillers privilégiés de ceux qui leur tiennent tant à cœur, garder un silence gêné, laisser l'imagination juvénile, si ardente, s'orienter d'elle-même à l'heure de la puberté. Ils confient au hasard, aux lectures cachées, aux propos surpris, aux mauvaises camaraderies ou aux pires rencontres, la découverte d'un acte auquel l'adolescent attachera la tentation d'un fruit défendu et, — ce qui est plus grave — la hantise malsaine d'une perversité.

Aucune personne de bonne foi ne le niera: cette conduite est absurde autant que dangerousé. On invoque les convenances, l'habitude, l'exemple d'autrui ; faibles motifs en matière si haute ! Notre vaine prudence expose nos enfants à des risques autrement profonds, et tels que leur imagination et leur raisonnement en resteront irrémédiablement faussés par la suite. Des illusions ridicules, des déceptions pénibles les atteindront, du fait qu'on ne leur aura pas appris à regarder en face l'union des deux sexes comme une nécessité organique, simple, naturelle et conforme au but de la Nature : créer la vie.

Faute d'éclaircissements salutaires, le jeune homme, en cherchant à satisfaire un irrépressible instinct, croira accomplir un rite inavoué, vouera à la femme d'abord un désir vicié, puis un injuste mépris, accru par l'idée fausse d'une réciproque souillure

La jeune fille, elle, arrivera au mariage peu ou point préparée, pour subir une révélation brutale qui souvent lui laissera un écœurement et une tenace rancune. En dehors du mariage, sa demi-ignorance l'expose aux dangers d'une séduction, avec ses suites honnies : l'enfant, l'abandon ; parfois, comme pour l'homme, des maladies non certes honteuses, mais d'une gravité redoutable.

Tous ces périls, une éducation franche les éviterait au moins en partie ; et d'autres qui tiennent à la promiscuité des lycées et collèges.

S'il répugne aux parents de voir les éducateurs professionnels instruire les adolescents des lois vitales, que ne le font-ils eux-mêmes avec courage ; que n'en appellent-ils à la confiance de leurs fils et de leurs filles ? Ne se rappellent-ils donc plus leur propre jeunesse, leurs curiosités inquiètes, leurs recherches maladroites et leurs expériences désabusées ?

Sachons-le : c'est parce qu'un faux mystère entoure les impulsions du désir, que l'imagination se dérègle vers tant d'images louches et funestes ; alors que la lumière du vrai, à elle seule, dissiperait le maléfice des fantômes et des ombres.

LE MYTHE VIRGINAL

On sait quelle importance morale, sociale et religieuse a pris, de tout temps, ce fragile obstacle.

En vain des médecins illustres ne le considèrent-ils plus que comme une survivance physiologique sans utilité, et que le bistouri pourrait, non seulement sans inconvénient, mais avec avantage supprimer, parce qu'elle enclot de façon nuisible toute une flore microbienne. En vain le bon sens nous convainc-t-il de l'exagération du symbole attribué à la virginité. Une opinion vieille comme le monde persiste à en faire un principe *tabou*.

Deux idées foncières entretiennent cette inconcevable idolâtrie. La première sort de l'instinct barbare du mâle qui, à l'origine, vit là le signe d'une valeur intacte, la garantie que l'objet de son plaisir n'avait appartenu qu'à lui seul. Le progrès des idées et des mœurs aurait sans doute eu raison, à la longue, de cette conception rudimentaire. Mais le christianisme est venu y greffer la hantise du péché. Et cette seconde idée, flétrissant les organes de la vie et de la maternité, a donné une force exceptionnelle au mythe ancestral.

La virginité s'est parée, dès lors, d'une valeur mystique et idéale, est devenue le gage de l'extrême pureté ou le stigmate de la plus coupable transgression à l'ordre divin.

Tout un culte, toute une philosophie, tout un ensemble de doctrines et de coutumes se sont fondés sur cette obsession maladive de parties du corps réputées honteuses ; et, par un enchaînement inévitable, l'attrait du mystère s'est compliqué de toutes les aberrations imaginatives du désir et de son accomplissement clandestin.

Bien d'autres conséquences, et plus que singulières, en ont résulté. Ainsi, l'ignorance exigée de la vierge, comme un témoignage de sa pureté : ignorance dont le but est de la livrer, non comme un être intelligent et libre, mais comme une bête docile à la salacité de l'homme et à ses tromperies sournoises par la suite ; ignorance qui ravale l'épouse au lieu de l'honorer, et la maintient en esclavage des sens, de l'âme et du cerveau.

Autre conséquence, d'une invraisemblable niaiserie, celle qui fait de la perte de la virginité une révélation idéale de l'amour. Rarement mensonge fut plus artificieux ; car mille femmes interrogées répondraient, si elles sont sincères, que, loin de leur être agréable, le premier contact avec la rudesse du mâle ne leur laissa qu'un dégoût étonné. Pénétrant analyste, Camille Mauclair l'a dit, et rien n'est plus vrai (1). « Ce n'est pas dans cet obscur moment où, confuse et meurtrie, elle subit une sorte de meurtre intime, que la révélation transforme à jamais la femme, mais lorsque, longtemps après parfois, elle découvre la volupté, dont les lois, les circonstances, les causes sont si mystérieuses qu'elle l'ignore souvent avec un mari estimé, voire même aimé, et en reçoit le foudroyant éclair d'un amant d'aventure, d'un passant investi du don magique ».

Autre conséquence, et qui serait grotesque si elle ne s'avérait scandaleuse : l'exhibition de nos mariages à grand orchestre et costumes de

(1) *L'Amour physique :* beau livre où, à côté d' « anticipations » d'une curieuse audace, figurent de durables pages sur la déformation de l'instinct sexuel, et des Études d'une rare acuité sur la « Fille ».

gala, imposant à une foule grossière l'image en blanc du viol nocturne. Autre conséquence encore, l'âpre possession garottant la femme dans le mariage, l'assimilant à un bien volé, la frappant des pénalités de l'adultère, dérisoires avec les vingt-cinq francs d'amende, tragiques avec le coup de couteau ou de revolver, excusés par le Code pénal.

C'est un fleuve d'encre qu'en ses annales aura fait couler le mythe virginal ; c'est aussi un fleuve de sang : amoureux frénétiques, maris jaloux, femmes égarées. Héréditaire et religieux, il trouble l'humanité. N'exorciserons-nous pas un jour ce décevant mirage ?

Une époque peut s'imaginer où l'homme cessera de voir, dans un simple empêchement à son étreinte, soit une nécessité gênante, soit un plaisir bestial. Une époque où les poètes, où les romanciers n'exalteront plus à force d'épithètes désordonnées la servitude du corps féminin. Une époque enfin où dans la virginité, dépossédée de sa religion et de son mystère, on ne verra plus qu'une fatalité organique sans intérêt, étrangère par elle-même à l'amour et aux fins de l'espèce.

LA MORALE SEXUELLE

Notre société laïque a une morale chrétienne la morale sexuelle.

Il semblerait, à voir l'importance que celle-ci a prise, qu'elle soit la seule morale. Elle régente, en effet, le cours de l'opinion, la cote des valeurs privées ; elle se fait espion pour savoir si on la transgresse ; elle s'institue juge pour condamner celui ou celle, surtout celle, qui lu manque d'égards.

Vétilleuse et despotique, elle a tour à tour, et selon qu'on lui rend hommage d'hypocrisie, d'incroyables complaisances, ou, si on la brave par une loyale imprudence, des rigueurs sans merci.

La morale sexuelle remplace l'Inquisition.

Suspectant les apparences, s'attachant aux on-dit, relevant avec malignité ce que colportent les racontars d'office et les potins de salon, colligeant les lettres anonymes, elle dresse en tous lieux et contre chacun son dossier d'accusation. Sa sévérité néglige ce qui ne relève pas essentiellement d'elle. Indulgente à ce qui est laid, bas, vil, le mensonge, la calomnie, l'avarice, l'envie, la méchanceté des êtres, elle ne traque que ce qui touche à leurs rapports pour l'amour et le plaisir.

La morale sexuelle est une monomane, hantée par l'idée fixe de savoir si Mlle Y... est encore vierge, et avec qui Mme Z... trompe son mari? Elle flaire les amitiés suspectes, escompte les flagrants délits, tient le compte des garçonnières, prête généreusement, à Mme T... qui est veuve et à Mme R..., qui est divorcé, des amants imaginaires ou réels. Elle pèse de son ombre sur les adolescents en mal de puberté; elle détermine la conduite des grandes personnes avisées; elle influence, en cas de crime passionnel, les jurys, après avoir armé le révolver d'un cocu ou rempli de vitriol le bol d'une jalouse.

Sans critérium fixe, sans justification précise, la morale sexuelle offre une incohérence dont les honnêtes gens peuvent s'affliger, mais que les malins utilisent. Ils savent que la bonne dame, proxénète bienveillante, ferme les yeux si on la ménage. Elle est comme ces maîtresses de cérémonies qui pensent que tout est bien si les rites protocolaires sont respectés. La morale sexuelle admet tout, pourvu qu'un certain décorum soit gardé et que la mince vitre d'aquarium qu'est la façade mondaine ne soit pas brisée, — car, fêlée, passe encore !

Qu'un homme, épousant pour sa dot une jeune fille, la trompe indignement et la ruine ; qu'une femme mûre aux ardeurs cuisantes ridiculise par le nombre de ses aventures un mari débonnaire ; qu'un ménage à trois promène de visites en dîners et soirées son élégant cynisme, la morale sexuelle se bouchera volontiers les yeux.

Mais qu'une jeune fille soit abandonnée par son séducteur, qu'elle ait, comble de honte ! un enfant ; mais que, ne pouvant s'épouser, un amant et une maîtresse affichent courageusement leur union libre, fondent un foyer probe, ne reculent pas devant le devoir d'être père et mère, quel scandale affreux ; et comme la morale sexuelle montre alors un visage inexorable !

Comment en serait-il autrement ? Les coupables n'ont-ils pas donné un inadmissible éclat à « ce péché », à « cette souillure de la chair » qui ne sont tolérables que sous la transparence protectrice, dans le louche et trouble demi-jour du pacte social ? Il y a des choses — la morale sexuelle l'affirme — dont on ne parle qu'avec des réticences, des sous-entendus, des demi-sourires discrets. Ce qui est parfaitement toléré dans les coins, devient turpitude au grand jour.

Et c'est la condamnation paradoxale de la franchise au profit de la duplicité, du courage au profit de la lâcheté, de la morale simple et vraie, de la morale humaine au profit de la morale sexuelle.

Seulement, la guerre est venue, qui, là aussi, a brutalement cassé les vieux moules sociaux.

La morale sexuelle ne s'en relèvera pas.

LE DROIT A L'AMOUR

A l'heure présente, la jeune fille, si elle ne se
marie pas, n'a d'autre avenir que la prostitution
qui la flétrit ou le célibat qui la ridiculise. La
Morale sexuelle ne lui permet que le mariage.
Et les chances du mariage, déjà très réduites
avant la guerre, deviendront des plus précaires,
après les coupes sombres exercées dans les rangs
des hommes de vingt à trente-cinq ans.

Sans doute, il y a quelques années, la loi de
l'abbé Lemire, l'excellente « loi d'amour » avait
permis de se marier dès vingt et un an, en se
passant de toute autorisation parentale. Une
petite signification notariée au besoin, et passez
muscade ! C'était très bien. Sans doute la guerre
a vu beaucoup de ces mariages-là, d'autant plus
touchants qu'ils exprimaient chez l'adolescent
l'exaltation vitale d'un avenir menacé, le secret,

l'obscur instinct de ne pas disparaître tout entier.

Mais, cette exception constatée, la majorité des filles attend encore, comme elle attendait avant 1914.

Regardez autour de vous. De vingt et un à vingt-huit ans, vous verrez quantité de jeunes filles jolies, instruites, pleines de bonne volonté et de courage qui ne se marient pas. Les unes n'ont rien, les autres pas grand'chose, quelques-unes possèdent une dot. Elles ne se marient pas davantage.

En vain les mœurs, les sports, une éducation moins rigide et moins étroite laissaient-elles plus de part à leur initiative, leur permettaient de courir leur chance; en vain, pendant la guerre, les rapprochements dans les ambulances, l'institution des marraines et filleuls ont-ils facilité quelques mariages; combien les moyens d'action de la jeune fille restent limités, en quel cercle étroit elle se meut !

Et quel droit la société laisse-t-elle aux jeunes filles dédaignées ?

Celui de vieillir. Elles se faneront peu à peu, verront mourir leurs beaux rêves ; chaque jour desséchera leur beauté inféconde. La vieillesse lente, une froide et interminable agonie du cœur et des sens: tel est leur lot.

Et cela paraît tout naturel. Cette monstrueuse conception ne choque personne. Minotaure vorace, la Morale sexuelle consomme des milliers de vierges stériles, pures et désespérées.

Cependant, les idées marchent.

Balzac, grand maître es-sciences sociales, et dont la philosophie sagace doublait l'intuition du plus puissant des romanciers, a, dans sa *Physiologie du Mariage*, posé la question, sans oser la résoudre, de l'émancipation des filles. Pourquoi n'auraient-elles pas le droit d'aimer d'abord, et de sanctionner par le mariage ensuite une union dont, au moins, elles auraient fait l'essai et qui leur donnerait ensuite de rassurantes garanties? Léon Blum, dans son livre *du Mariage*, a repris cette idée et, la poussant à ses extrêmes conséquences, a proposé que les filles de condition bourgeoise — on sait que pour les filles du peuple la question se tranche d'elle-même, — puissent connaître l'amour, discret et sauvegardé par certaines apparences, comme le font les jeunes hommes qui ne tiennent pas à se compromettre. Il affirme qu'elles arriveraient au mariage bien mieux préparées, et ayant jeté cette gourme d'illusions qui leur réserve, dans notre état actuel, de si fâcheuses déceptions, soit dans la fidélité, soit dans la trahison conjugales.

Sans aller si vite ni si loin, puisqu'il faut à tout des transitions, pourquoi refuserait-on, à la jeune fille qui ne trouve pas de mari, le droit de prendre un amant, soit avec des ménagements que lui imposera la pudeur sociale, soit avec la franchise d'une union libre acceptée? Ce lien, insuffisant et incomplet, de ce qu'il la protège moins que le mariage, vaudra encore mieux pour elle que l'agonie d'une existence inutile.

Et elles accompliront du moins, en devenant mères, et bonnes mères, leur mission.

LE DROIT A L'ENFANT

Oui, cela semble révolutionnaire. Cela choque et indigne nos préjugés. Point d'enfants hors du mariage !

Et cependant les sollicitations naturelles de l'amour, de l'instinct sont là, pressantes, impérieuses. Toutes les jeunes filles ne se marient pas, et, le voudraient-elles, toutes ne peuvent se marier.

Est-ce qu'après l'effroyable hécatombe de vies françaises qui se sont offertes au sacrifice, pour sauver le passé, le présent, l'avenir de notre race, nous accepterons que le stupide massacre des innocents continue ? Car c'est un massacre annuel que provoquent la théorie Moloch de l'opprobre, la flétrissure inepte appliquée, comme un fer rouge, à la fille-mère.

Pour celle-ci, à quelque classe qu'elle appartienne, l'enfant est une terreur et une malédiction. Combien de germes anéantis, aux mains des avorteuses, de petits corps étranglés ou enterrés vivants ; combien de nouveaux-nés dont la mère, à l'hôpital, se détourne avec horreur et qu'elle livre à l'Assistance publique !

Un enfant hors mariage : quelle *tolle !* Quel scandale dans la famille et dans la Société ! Pour d'assez nombreuses qui, dans le peuple, bravent courageusement coups et injures, railleries et dédain, les autres, la majorité reculent devant l'aveu de cette chair, de cette âme pétries d'elles-mêmes, suppriment ce triste fruit ou le dissimulent, surtout dans le monde bourgeois, par un accouchement clandestin et l'éloignement immédiat du pauvre petit être, placé en nourrice, au loin.

Si l'on cherche cependant l'origine de la rigueur de l'Opinion et des mœurs, on ne trouve rien que la Morale sexuelle, avec son idée fixe du péché, l'obsession maladive d'une pureté imaginaire qui voit dans l'acte normal un stupre ; on retrouve aussi l'ancestrale, la féroce jalousie de l'homme tenant à la virginité comme à la garantie d'un bien, d'une chose réservée à son autorité et à son plaisir.

Origines barbares, origines mystiques, rien de conforme à une humanité civilisée. Car, mal pour mal, le préjugé contre la fille-mère engendre beaucoup plus de plaies sociales — la mort ou l'abandon de l'enfant, la prostitution si fréquente pour la mère, — que ne le ferait le libre jeu d'Institutions et de coutumes assurant à la maternité, d'où qu'elle vint, des soins matériels et des égards moraux, permettant à la jeune mère de nourrir son enfant devant tous, sans s'exposer au blâme ; car toute vie est sacrée, et celle de l'enfant surtout, précieuse pour ce qu'elle contient d'avenir.

C'est encore la Morale sexuelle qui, admettant cruellement le report, la succession des responsabilités, frappe du même coup, non seulement la mère coupable de légèreté, d'ignorance, d'imprudence ou parfois d'honnête confiance et de sincère amour, mais aussi l'enfant qui, lui, n'a pas demandé à naître, et envers qui rien ne justifie le discrédit injuste que l'on fera peser sur lui.

Car l'enfant est la première, la principale, la plus lamentable victime de cette Morale immorale, qui méconnaît les lois souveraines de la vie. En vérité, que peut-on lui reprocher, à lui ?

Avec les forces perdues qu'une Société comme la nôtre dédaigne ou proscrit, avec les misères matérielles ou morales que son pharisaïsme crée comme à plaisir, que d'énergies on pourrait utiliser pour le bien et le bonheur, non seulement des individus, mais de cette Société marâtre elle-même !

Il ne faut pas que la guerre, qui a tant détruit, soit suivie, après la paix, de nouvelles ruines. Notre intérêt sacré nous ordonnera de rebâtir, de ramener sur les champs de mort la fécondité. Toute femme qui donne un enfant à notre pays devra être tenue en estime et respect.

Il ne doit plus y avoir de filles-mères, mais, simplement, des mères. Mot magnifique par tout ce qu'il représente. Faisons-en un signe d'honneur, et non plus de déconsidération !

PÈRE DÉCLARE

———

Il a fallu arriver au début du xx⁰ siècle, et perdre plus de vingt-cinq années en d'oiseuses discussions au Parlement et dans la Presse, pour voir aboutir enfin la généreuse proposition de Gustave Rivet et autoriser la recherche de la paternité.

Ce progrès est-il suffisant ?

Non.

Il consacre le droit de la mère et de l'enfant, il n'impose pas son devoir à l'homme. Il lui permet toutes les précautions anticipées, tous les faux-fuyants de la mauvaise foi, et toutes les arguties de la procédure. Il autorise une partie de cache-cache dérisoire et humiliante pour les victimes, tenues à démontrer qu'il s'agit bien de ce père-là, forçant le Tribunal à proclamer : « Coucou ! le voilà ! » Ce droit ne garantit pas par lui-même les sanctions pécuniaires dues par le père récalcitrant. Il ne le frappe pas de prison, s'il se refuse à reconnaître son enfant.

Il ne suffit donc pas que la paternité puisse être recherchée par les innocents laissés à l'abandon. Il faut qu'elle soit infligée comme une obligation stricte au père oublieux, au séducteur égoïste, au lâche gredin qui donne la vie et se refuse à la continuer.

Je ne vois qu'un moyen. Forcer le Père à déclarer à la mairie sa paternité, sitôt celle-ci produite au jour. Et cela sans distinction d'espèces. C'est par une monstruosité légale qu'il est actuellement interdit au père adultérin ou même incestueux — le Code ne fait aucune distinction entre eux — de reconnaître leur enfant et de subir leurs nécessaires responsabilités.

Tout père de tout enfant devrait être astreint, sous peine de poursuites, à faire sa déclaration dans les trois jours après la naissance. N'objectez pas le fameux et éternel argument : la mère seule est sûre de sa maternité, le père jamais. Il sait parfaitement si des présomptions vraisemblables le dénoncent ; il le sait si bien que, dans la plupart des cas, la paternité peut se prouver par lettres, témoignages sûrs, cohabitation avérée.

Alors, on ne pourra plus faire de l'amour ou

du plaisir un passe-temps sans lendemain ? Finies, les surprises du sentiment ou des sens, avec coup de chapeau ou baiser final : « Bonjour, ni vu ni connu ! ». On devra payer l'addition ? Mon Dieu oui ! Qu'y voyez-vous d'immoral ou d'inique ?

Est-ce que ce n'est pas à l'homme, créé pour la lutte de l'existence et mieux armé pour elle, à endosser ses charges ? On ne le forçait pas à féconder ; qu'il paye, de son nom d'abord, ensuite de sa bourse. Est-ce que ce n'est pas un spectacle abominable, en regard de l'ignoble désertion du mâle, que celui de ces femelles préférant avorter misérablement, au risque de leur vie, en étouffant leur fruit en gésine, ou l'abandonnant à l'Assistance Publique ?

Déclarer son fils ou sa fille ? Serait-ce une idée saugrenue, et n'est-ce pas la chose la plus naturelle du monde ? Y aurait-il une honte à faire un enfant qui accroît le patrimoine du pays ; soldat, saura le défendre ; ou femme, mettra au monde de nouvelles forces humaines ? On déclare son cheval, son chien, son automobile, ses revenus. Où donc est la raison pour ne pas déclarer à l'Etat son enfant ?

Quand tant de petits êtres meurent, faute de soins, ou par mauvaises conditions d'hygiène, ou parce que la mère se débat contre la dure pauvreté, est-il de l'intérêt social de parquer dans un enclos disqualifié tant d'enfants débiles, sans protection, véritables parias, menacés dans leur intégrité morale et leur vie physique, parce que le père s'est esquivé comme un voleur.

Non, non ! Il importe que toute échappatoire soit enlevée à ce triste individu, à ce mauvais citoyen. Il faut qu'il sache d'avance, quand il poursuivra son plaisir, ce à quoi il s'engage.

A tout enfant né, père déclaré !

MADEMOISELLE OU MADAME

J'écrivais il y a dix ans :

« Les idées les plus simples sont celles qui viennent le moins à l'esprit. Rien n'égale la force des opinions reçues, sinon la poussée lente des opinions en révolte. Ce que Napoléon Ier, à Sainte-Hélène appelait le « terrible esprit de liberté ».

Il souffle de partout en ce moment. De la lointaine petite Finlande, où des femmes sont députées au Parlement ; de la vaste Amérique, où elles conquièrent presque toutes les professions ; d'Angleterre, où les jeunes filles s'émancipent de plus en plus ; d'Italie, où le féminisme gagne et s'étend. Cent ans ont suffi à la femme pour réclamer ses droits légaux, sociaux, politiques, pour affirmer les débuts d'une révolution dont les conséquences économiques et morales seront extraordinaires.

Entre les vœux le plus fréquemment formulés par les apôtre de la revanche d'Eve sur l'oppression éternelle d'Adam, il en est un, tout petit, mais gros de conséquences, auquel on ne saurait refuser plus longtemps l'attention. Un rien, qui aiderait à modifier tout. Une simple dénomination au lieu d'une autre. Que toute fille majeure fût appelée madame et non plus mademoiselle.

Pourquoi, en effet, disent les porte-paroles du féminisme, cette distinction entre les deux sexes, toute au profit du mâle et au préjudice de la plus faible ?

Monsieur, lui, est toujours Monsieur. Il l'est dès ses premières culottes, et même avant.

La femme, au contraire, se voit classée, parquée en deux catégories nettes, de signification brutale : selon qu'elle a reçu, par mariage et non autrement, la consécration, l'empreinte masculine, ou qu'elle garde, ou soit censée de garder, le trésor, même vieillissant, même inutile de sa virginité.

Qui se soucie de celle de l'homme, sinon pour se moquer de celui qui ne l'aurait pas — par grand miracle — dilapidée dans de médiocres, souvent malpropres aventures ? Et qui, au contraire, — Logique, où es-tu ? — ne s'informe de celle de la fille, dans le but avéré de la conspuer si elle a commis, même par amour, même avec toutes les excuses et circonstances atténuantes, la faute par laquelle elle perd on ne sait quoi d'irrémédiable, subit un krach, une faillite sans réhabilitation ?

La femme n'a pas le choix : rivée à la fatalité injuste de son sexe et à l'inique répartition de la loi, elle est « Mademoiselle » ou bien elle est « Madame ». Ce n'est pas la nature, ce ne sont pas les droits de la raison et du cœur, la force des instincts, la maternité même qui l'enferment à droite ou à gauche de la barrière, dans le troupeau des vierges vraies ou fausses, ou dans la caste des femmes pures ou non ; c'est le mariage, c'est-à-dire le joug légal ou arbitraire, le joug artificiel imposé par l'homme.

Ne cherchez pas des raisons, vous n'en trouverez nulle autre que cette rançon barbare et séculaire de la virginité, ce prix de la souffrance et du sang, seul capable de rassurer la jalousie sauvage du mâle si égoïste qu'il veut que la femme lui ait été fidèle avant, comme il entend qu'elle lui soit fidèle pendant l'union, comme il voudrait — mais nous ne sommes plus aux beaux temps des bûchers de l'Inde — qu'elle lui fût fidèle jusque dans la mort.

Avez-vous vieilli obscurément sans rencontrer le mariage ? Tant pis pour vous, « Mademoiselle » ! Votre vertu dédaignée des niais n'évoquera à leur pensée, au lieu d'une discrète et touchante injustice du sort, que l'image de ces couronnes de fleurs d'oranger qui se fanent sous globe, dans la poussière et l'oubli, et dont vos compagnes mariées, plus heureuses que vous, font l'offrande sur une cheminée aux invisibles dieux lares.

Avez-vous obéi aux impulsions chaudes du sang, avez-vous aimé ? Eh bien ! c'est du propre, « Mademoiselle » ! Car en vain objecteriez-vous que vous êtes femme et que vous avez payé, par assez de larmes peut-être, par la cruauté de l'abandon ou le mépris public, le droit d'être appelée « Madame ». Vous n'êtes qu'une demoiselle qui a mal tourné. Et si votre taille s'enfle, si votre ventre proclame la suprême déchéance d'une maternité prochaine, n'espérez pas avoir gagné par là ce titre de « Madame » réservé aux honnêtes épouses comme aux plus impudiques Mᵐᵉ Marneffe. « Mademoiselle » vous êtes, « Mademoiselle » vous resterez. Et on a inventé pour vous ce vocable d'une abominable hypocrisie : « fille-mère, » comme si on pouvait être mère sans porter le nom réservé aux femmes.

Sans doute fera-t-on remarquer qu'en fait beaucoup de femmes vivant avec un compagnon choisi, soit du fait des circonstance, soit par principe, — car l'union libre a déjà de nombreux adeptes, — prennent le nom de leur ami, et qu'il se constitue ainsi beaucoup de ménages parfaiment unis. Certes ! Mais la malignité de la province, les curiosités, les commérages ! Ce titre de « Madame », si légitimement porté aux yeux de la vraie morale, n'en reste pas moins indû, usurpé. Pour tous les actes de la vie civile, il faudra le déposer, sous le regard ironique ou gourmé des préposés officiels. Dans les bureaux de poste, chez le notaire, aux banques, sur les feuilles de recensement, sur les baux et loyers, « Madame », dès qu'elle agit en son nom personnel, redevient « Mademoiselle ».

Elle a pu lier sa vie à celle d'un brave homme, que, pour une raison ou une autre, elle n'aura pas épousé ; elle a pu avoir des enfants, elle sera frappée dans ses sentiments les plus délicats et meurtrie dans ses affections les plus chères ; elle recevra en plein visage, comme châtiment de n'avoir pu se marier, ou pas voulu, l'appellation injurieuse qui semble lui dénier ses titres conjugaux et sa tendresse maternelle.

« Mademoiselle » s'est offert un mari ! « Mademoiselle » a osé mettre au monde des enfants ! Mais alors, que restera-t-il aux épouses consacrées par M. le Maire et M. le Curé ? Elles peuvent, celles-là, être des compagnes irréprochables, des mères dévouées : elles peuvent aussi bien compter parmi elles des gueuses, des prostituées, le même titre de respectabilité les couvre : « Madame » ! « Chère Madame » ! « Madame » ! gros comme le bras !

Il n'importe que telle vaillante créature, accomplissant fièrement son rôle, ait, comme certaines fortes femmes du peuple, donné cinq ou six beaux enfants à son compagnon de vie. On est une « fille-mère ». Mais que telle bourgeoise patentée vive dans le mariage sans en connaître les devoirs, « Madame » elle est, et elle reste. Ne vous récriez pas. La Cour de Lyon, — il faut toujours en revenir à la jurisprudence, quand on veut égayer d'exemples drôlatiques un raisonnement sérieux, — la Cour de Lyon n'a-t-elle pas autorisé un impuissant à se marier ? Plus fort que cela ! La Cour de Cassation n'a-t-elle pas déclaré qu'une femme qui n'avait que les apanages externes d'un sexe infertile devait, pour la plus grande satisfaction de son mari, demeurer sa légitime épouse, une incontestable « Madame ».

Bien mieux, la Cour de Caen n'avait-elle pas décidé que — le mariage étant avant tout l'union de deux personnes intelligentes et morales — la femme, malgré une absence totale de moyens de reproduction, « ne peut être rabaissée au point de ne voir en elle... qu'un organisme propre à faire des enfants. » Si bien que ces personnes — on n'ose écrire : du sexe féminin puisqu'elles n'en ont point — sont de très juridiques « madames », encore qu'elles ne puissent être ni femmes, ni mères.

L'absurdité de telles casuitiques ne donne-t-elle pas à réfléchir ?

Voilà ce que font valoir les apôtres du féminisme ; et ils auraient bien des choses encore à ajouter, notamment ceci, à l'adresse des esprits timorés qui s'inquiètent de ce qu'en penserait l'étranger, et qui se demandent « si ça se fait » en Angleterre ou en Russie ?

Le tribunal de Genève a rendu un récent arrêt par lequel il décide que les vieilles filles ont *légalement* droit au titre de « Madame », pourvu qu'elles aient dépassé la trentaine. Ce jugement plein de bon sens vaut bien, on en conviendra, ceux des cours de Lyon, de Caen et la Cour de Cassation, cités plus haut. Ce n'est pas la première fois que la lumière nous vient du libéral petit peuple suisse.

Ne la mettons pas sous le boisseau. Et si nous continuons à appeler Mademoiselle les vierges sages ou les vierges folles qui le désireront, concédons le titre de Madame à celles qui, légalement ou non, tout à l'exemple de l'homme, ont fait preuve qu'elles ne sont plus même des demi-vierges, et qu'elles sont femmes ou mères tout à fait.

LA CHASSE A LA DOT

La dot, voilà ce qui fascine notre bourgeoisie. Enfants et parents.

Eh bien, il faut avoir le courage de le dire : La dot est une plaie !

D'abord, sa poursuite est immorale. Surtout quand elle vient de jeunes oisifs et d'incapables paresseux. Il y a là quelque chose qui répugne. L'argent qui n'est pas le paiement d'un travail porte en soi quelque chose d'abject. Seuls l'effort, le labeur, l'intelligence, la droiture, la volonté employés à l'acquérir le purifient.

Ensuite, la dot a cela de vengeur qu'elle aveugle celui qui court après. Sa femme sera-t-elle saine, lui donnera-t-elle de beaux enfants? Mais oui, puisqu'elle est riche ! Et il ne remarque pas, il ne *veut pas* remarquer qu'elle a le sang pauvre, des tares héréditaires, des germes morbides.

Sa femme sera-t-elle la bonne associée, la compagne instruite et éclairée, le réconfort des heures difficiles ? Mais oui, mais oui, puisqu'elle est riche ! Et il ne voit pas, il ne *veut pas* voir qu'ils n'ont pas un sentiment, un goût, une idée communs, qu'elle sera hostile, étrangère, absente à son foyer.

Il ne vérifiera pas davantage s'il y a entre eux ces affinités d'éducation, ces parités de milieu indispensables à l'entente, à la compréhension mutuelles. Il ne se souciera pas des antécédents de famille ; il acceptera, les yeux fermés, tout ce qui pourra plus tard devenir entre eux une cause de froideur, d'éloignement. Qu'importe cela ? Puisqu'elle est riche !

La dot lui bouche les yeux. Quant au bonheur, il ne doute pas qu'il ne le possède avec l'argent. Le niais ! Comme si le bonheur dépendait de la fortune, comme si les besoins ne s'accroissaient pas en raison de ce qu'on a, comme si la satiété ne suivait pas toute possession, comme si on ne désirait pas avoir aussitôt davantage.

Quand la dot n'aurait que ce déplorable effet de détourner toute clairvoyance, toute perspicacité, d'endormir tout soupçon, d'acheter, en un mot, la conscience de l'homme, elle serait déjà odieuse et néfaste.

Son crime est plus grand, puisqu'elle supprime

l'amour, ou, ce qui est pire, apprend à le simuler, met au visage un masque effronté, aux lèvres un sourire de séduction, aux yeux un regard de fièvre tendre qui vise non la jeune fille, mais ce qu'elle apporte, le bienheureux portefeuille bourré d'écus.

Voilà qui est tout à fait vilain, soit que, crédule, celle-ci ait la candeur de se croire aimée pour elle-même, — quelle désillusion l'attend ! — soit que, consciente, elle se prête à un marché dont elle sera plus ou moins dupe. Excellente entrée en ménage !

Mais, ce qu'il y a de pis, c'est qu'à trompeur, trompeuse et demi. La dot n'est le plus souvent que le plus chimérique des attrape-nigauds. Celui qui est refait, c'est le mari vorace, le glouton. Et, celui-là, je ne le plains pas.

On la lui verse, sa dot, sa précieuse, sa gentille ou sa majestueuse dot. Il la palpe, il la soupèse, il la serre sur son cœur. Va, mon ami, rira bien qui rira le dernier ! Ta subtile compagne, qui se croit le droit de lever la tête parce qu'elle t'apporte ses beaux sous, a des exigences de toilette, des goûts de luxe, des besoins de dépense qui vont faire filer son argent et le tien. Oui, le tien ! Tu ne t'attendais pas à cela. Et le coulage, mon garçon ! Le ménage à la dérive, les fuites par tous les bouts. Si bien que le pauvre sire, qui a cru s'enrichir, se trouve en définitive appauvri.

Madame le prend de haut ; elle a été élevée ainsi ; chez ses parents on ne la privait de rien. Après tout, elle a versé sa rançon. Tant pis pour le mari, si, au lieu de lui rapporter, elle lui coûte! Comédie de tous les jours, drame parfois.

De là, pour tant de jeunes gens travailleurs, intelligents, courageux, désintéressés même, — il y en a, pas beaucoup, mais il y en a, — la difficulté de trouver la bonne compagne, celle qui saura tenir le ménage avec économie et décence, s'associer aux travaux du mari, élever les enfants. Ils cherchent une femme et ne voient autour d'eux que des poupées.

La grande, l'utile, l'indispensable réforme qu'il faut attendre de la conscience plus éclairée de notre bourgeoisie, de son intérêt même, quand elle le comprendra, c'est la transformation du mariage, fondé non plus sur l'argent et les convenances seulement, mais sur l'amour et le mérite individuels.

Quand les jeunes hommes sauront qu'ils ne doivent compter que sur eux-mêmes, leur initiative, leur travail ; quand les jeunes filles se rendront compte du rôle magnifique que la nature et la société exigent d'elles et seront de plus en plus instruites, intelligentes, aptes à tenir leur maison, sûres compagnes par avance de leur époux, le mariage français rénové trouvera en lui-même ses garanties de force et de moralité, ses chances de bonheur et de durée.

A l'heure où la natalité baisse de plus en plus, et où à la crise de la vitalité française s'ajoute la crise du mariage, il n'est qu'une chance de salut.

Elle est là et non ailleurs : supprimer la dot !

OBJECTIONS AU MARIAGE

L'union libre inquiète à raison la majorité
de celles qui n'ont pas encore trouvé d'épou-
seur. Il faut « sauter le pas ». Et voilà ce qui
effraie tant de jeunes filles, averties par un
secret instinct de l'égoïsme et de la veulerie du
mauvais compagnon qui les guette.

Le mariage, à option égale, demeurera, elles
le savent, toujours préférable.

Encore faut-il pouvoir se marier. Et nous
tournons dans ce cercle vicieux. La jeune fille
voudrait bien ; le jeune homme ne veut pas.

Demandons-lui pourquoi.

Les jeunes gens affirment que s'ils ne se marient pas, c'est de la faute des jeunes filles et de
leurs parents.

Comment cela ?

« Nous gagnons notre vie, déclarent-ils, suffisamment pour nous, célibataires. Le mariage nous appauvrirait. Il est donc légitime que nous cherchions une dot représentant un avoir égal à nos revenus, qui, remarquez-le, sont ceux d'un capital de travail toujours en mouvement et d'efforts renouvelés.

« Or, lorsque nous nous adressons à une jeune fille possédant une dot, même minime, dont nous nous efforcerions de nous contenter, les parents et la jeune personne le prennent de haut et nous envoient promener. Leurs prétentions passent fort au-dessus de notre tête. On nous fait sentir que nous sommes bien audacieux d'oser prétendre à une union semblable. Il faut au moins à la donzelle un mari deux ou trois fois plus riche qu'elle. »

Voilà une objection de poids.

Bien des hommes mûrs et sérieux, — de vieux garçons à qui le mariage, ses aléas, ses responsabilités font peur, formulent un autre argument; le voici :

« Une femme doit veiller au foyer, entretenir le bien-être, surveiller les enfants et la servante, être économe, raisonnable, gardienne vigilante du nid familial. Or, nous ne trouvons plus de jeunes filles décidées à remplir les devoirs de leur mission. Celles auxquelles nous nous adressons sont coquettes, frivoles, dédaignent ces humbles et utiles travaux qui sont indispensables dans les ménages moyens. Diriger la cuisinière, mettre la main à la pâte, faire un point de couture, veiller à l'entretien du linge, ranger les armoires, ah ! bien, oui ! Mademoiselle n'a cure de cela ! Elle n'a que chiffons en tête ! »

Sans méconnaître ce qu'il y a de fondé dans l'une et dans l'autre de ces objections, peut-être le double malentendu dont il s'agit n'est-il pas si nouveau qu'il en a l'air. De tout temps on a désiré mieux que ce à quoi l'on pouvait prétendre. Et si des jeunes filles sans dot ou avec dot sont frivoles, exigeantes, élevées sans solidité, est-ce un spectacle sans précédent ? Et l'erreur des jeunes ou des vieux garçons mécontents ne tiendrait-elle pas à ceci, qu'ils s'acharnent à chercher leur femme dans des milieux où ils ne trouveront pas les qualités morales qu'ils souhaitent ?

Remarquez que l'idée viendra très rarement à un homme travaillant dans cette caste demibourgeoise qui englobe les bureaux, les affaires, l'industrie et le commerce, d'épouser une collègue de travail. Au contraire, il a pour elle des sentiments de camaraderie tantôt suffisamment cordiale et tantôt résolument hostile. Il la subit comme associée de labeur ; il ne pense pas à en faire sa compagne. On dirait qu'à ses yeux le travail, au lieu d'être un honneur, est une tare. Il rêve de la jeune fille bien habillée, qui ne fait rien de ses dix doigts. Et il s'étonne ensuite qu'elle soit vaine, futile, et qu'elle rêve, de son côté, au jeune homme bien mis, renté grassement et pourvu d'une auto.

Il n'est pas douteux que, dans la classe bourgeoise moyenne, des goûts de plaisir, de luxe et de frivolité aient remplacé les vertus ménagères d'autrefois. Il n'y a pour cela qu'à comparer la différence des besoins et des exigences des jeunes et des vieux, la simplicité d'il y a quarante ans. Si on tient compte de la cherté accrue de la vie, on s'explique que le mariage, considéré en France comme une affaire, chôme de plus en plus.

Faut-il donc désespérer ? Non. L'instinct de la vie est trop fort pour ne pas triompher. Le courant des idées qui nous porte à plus d'audace, à plus de liberté, à plus de franchise, ne s'endiguera pas de sitôt. Par la force des choses, beaucoup de jeunes filles, à qui le mariage sera refusé, iront à des unions volontaires que l'usage et les mœurs ratifieront.

Un jour viendra où toute liaison d'amour et de dévouement, régulière ou non, où toute naissance, légitime ou non, seront respectées comme elles le méritent. En attendant, c'est le mariage qu'il faut conseiller: aux jeunes hommes, puisque c'est d'eux surtout qu'il dépend, et aux jeunes filles, puisque c'est là qu'elles trouveront le plus de stabilité.

Mais cette préférence, que les mœurs et les lois nous dictent, ne doit pas être abusive et agressive. A côté du mariage parfois impossible, l'union libre, lorsqu'elle est fondée sur la sincérité et la droiture, doit avoir sa place, une place aussi haute et aussi digne d'égards; car elle suppose souvent plus de difficultés vaincues et plus de douleurs traversées.

CAS DE CONSCIENCE

L'illogisme des lois et des mœurs est souvent
déconcertant. On sait à quel point le mariage,
et le mariage fécond, nous semble une nécessité
vitale pour notre pays. Ce mariage, nous le sou-
haitons jeune, débarrassé des vils soucis de dot,
allégé de toutes formalités inutiles, de toute
tutelle parentale, facile à contracter, moins difficile à rompre.

Or, un cas de conscience très grave se pose
pour l'individu et la Société.

Oui, il faut se marier ; oui, on doit revendiquer
les devoirs, les charges, les peines et les joies de
la paternité et de la maternité. Oui, la loi se doit
de mettre le mariage à la portée de tous, riches
et pauvres, en supprimant toutes les paperasses
inutiles, tous les actes encombrants ; en n'exi-
geant que la libre volonté des deux conjoints,

Mais, d'autre part, il conviendrait d'éclairer suffisamment la moralité publique pour qu'un être malsain, contaminé, dangereux, ne risque pas d'engendrer des enfants malades, d'apporter à sa compagne l'infection, le désespoir, d'incurables dégoûts.

Ce cas de conscience, quiconque songe à se marier doit se le poser.

Eh bien, trop souvent l'influence des familles est néfaste et pousse à des mariages qui sont de mauvaises actions et parfois de véritables crimes. Parfois, je le veux bien, les parents se font des illusions et sont de bonne foi. Ils croient que le mariage moralisera leur enfant, qu'une vie régulière assainira sa santé perdue. Mais que de circonstances aussi où ils font taire leurs scrupules, s'ils en ont, au nom de leurs intérêts, et, s'ils se croient désintéressés pour eux-mêmes, au nom de l'intérêt de leur fils ou de leur fille. Que de fois ils assument une honteuse complicité, que la loi impuissante ne châtie pas et que l'opinion indifférente ne flétrit pas. Il arrive aussi qu'ils ignorent : mais c'est plus rare.

Et alors on voit cette abomination : par calcul, par égoïsme, par mille motifs bas, un individu prend femme sans se soucier de la contagion qu'il peut lui apporter, des petits malheureux qu'il risque d'engendrer. Nul ne l'en empêche, et souvent ses proches l'y engagent. Un seul homme, dans certains cas, a droit de conseil, et de conseil inécouté : ce confesseur qu'est le médecin.

La belle avance !

Il parle, oui, mais pour un sourd, pour un aveugle, pour un être muré. Et si celui qu'il s'efforce en vain d'endoctriner et de convaincre passe outre, le médecin n'a qu'un devoir légal : se taire !

Il doit assister, les bras croisés, à ce que sa conscience lui démontre une scélératesse. Le secret professionnel lui met sur la bouche un bâillon, le ligotte et l'étouffe.

Que de drames muets dans l'âme de praticiens intègres, que de sourdes révoltes ! Que de reproches amers qui ne franchissent pas les cloisons d'une chambre ou d'un cabinet de consultation ! Pris entre sa conscience d'homme et sa conscience professionnelle, le médecin ne risquera pas le blâme de ses confrères, le discrédit jeté sur sa carrière, un procès perdu d'avance, l'amende, la punition exemplaire ; car il serait puni, oui, pour avoir fait son devoir de citoyen, sauvé une ou plusieurs santés humaines.

Et voyez l'illogisme, l'absurdité de la loi inconsciente au point d'en apparaître monstrueuse.

Non seulement elle favorise le mariage d'un avarié dangereux, d'un tuberculeux avancé, puisqu'elle force à se taire le seul homme qui pourrait l'avertir et l'empêcher, mais elle exige la consommation de ce dommage public. Elle veut que l'avarié continue à avarier sa femme et ses petits, car l'avarie n'est pas encore un cas de divorce formel, dépend de procédures coûteuses, longues, de dénis de justice toujours possibles, d'assistances judiciaires souvent refusées.

Quant au tuberculeux, au nom d'une fausse pitié, elle lui livre la femme, les enfants nés, à naître. Elle se refuse à les délivrer. Elle repousserait toute demande en divorce de ce chef. Tout autant, maintient-elle le carcan conjugal s'il s'agit d'un demi-fou ou d'un fou tout entier. Fût-il interné dans un asile ou une maison de santé, y croupît-il depuis vingt ans, trente ans, pas d'espoir, pas d'évasion. Le mariage à perpétuité.

Tout autant pour l'alcoolique vomissant les injures, frappant en brute les siens. Chose inouïe : on dirait que la loi se désintéresse du mariage dans ses meilleures comme dans ses plus funestes conséquences. Elle semble dire : « Pour se marier, il faut l'autorisation de vos parents, du commissaire de police, du maire, de votre concierge. Et puis, débrouillez-vous. Du moment que vos paperasses sont en règle, cela ne me regarde plus ! »

Et chaque jour, autour de nous, un incroyable amas de misères et de douleurs palpite, proteste, se tord en gémissements et en impuissantes malédictions. Un seul homme pourrait intervenir à temps, et cet homme ne le peut pas : la loi le lui défend.

Emus de cette situation aussi cruelle qu'absurde, des médecins se sont demandé si l'on ne pouvait y remédier. Et l'un d'eux, le docteur Cazalis, il y a une vingtaine d'années, a proposé que les fiancés apportassent à la famille dans laquelle ils vont entrer le certificat médical constatant qu'ils sont aptes au mariage, et qu'en tout cas, aucune tare contagieuse ou de nature à rendre l'union intolérable ne les démontre impropres à leur mission.

Ce serait en effet une solution. Et si elle entrait dans les mœurs, les mœurs ne pourraient qu'y gagner. Malheureusement, le diable ne perdant jamais ses droits, l'union libre bénéficierait — si toutefois, on peut employer ce mot — de ce que perdrait le mariage ; et à côté de celui-ci fourmilleraient quantité d'unions irrégulières, viciées par la maladie, les tares mentales, refuge de tous les invalidés du lien légal, de tous les infirmes non reconnus valables pour l'hyménée.

Qui en pâtirait ? Les enfants, encore et toujours.

Puis, on aurait beau jeu à opposer les inconvénients et les dangers de cette conscription d'un nouveau genre, à en signaler les côtés comiques. Les excès, les abus se montreraient vite. Tout pesé, il ne semble pas que le certificat médical puisse revêtir un caractère d'autorité publique. C'est alors que le mariage, déjà tardif, déjà peu enthousiaste, deviendrait une institution précaire à laquelle l'Etat serait forcé d'allouer des primes. Par amour-propre, par méfiance, par crainte de l'avis du médecin, que de jeunes gens se soustrairaient à une obligation désagréable et préféreraient séduire, sans risques, des femmes qu'ils se promettraient de lâcher le jour où elles auraient cessé de leur plaire.

Mais ce qu'on ne peut demander à la Société, on peut le réclamer de la conscience de l'individu.

Nul ne devrait se marier sans avoir consulté son médecin, et nul ne devrait outrepasser ses conseils ou ses injonctions. Celui qui, se sachant malade et contagieux, se marie en risquant de contaminer sa compagne et sa descendance ; celui qui, malgré le désaveu des médecins,

commet froidement ce crime, devrait, en attendant les sévérités de la loi et les justes compen-
sations qu'elle exigera un jour, ne rencontrer
partout que le mépris des honnêtes gens, dressé
contre son opprobre.

———

L'AMOUR DANS LE MARIAGE

Lorsque, devant la « Commission de réforme du Code civil », Paul Hervieu proposa que l'*Amour* fut inscrit parmi les obligations réciproques des époux, il émit, pour l'étonnement de beaucoup et la raillerie du grand nombre, une vérité d'ordre supérieur, capable, si elle entrait dans les mœurs et recevait de la loi une sanction pratique, de transformer et de purifier le mariage, presque toujours affaire de convenances et d'intérêt, trop rarement union des cœurs.

L'Amour, oui, mis enfin à sa place, faisant disparaître l'antagonisme que la morale bourgeoise institue entre l'élan de la passion, la chaleur de l'affection, et le mariage tenu pour une association d'argent, une transmission de biens aux enfants.

L'Amour, oui, sous toutes ses formes, allant de l'amitié tendre à l'ardeur passionnée ; l'amour fait de compréhension, de bonne volonté, d'attentions mutuelles, de soutien réciproque, d'entente consentie ; l'amour rapprochant les époux à travers les épreuves, les penchant enlacés sur le berceau de leurs enfants.

N'objectez pas que ce soit impossible, puisque, déjà, entre l'amour et le mariage, grâce aux épousailles des vingt et un ans (et pourquoi pas plus tôt ?) la réconciliation se fait chaque jour, au profit de Roméo et de Juliette, vainqueurs des oppositions de leurs parents.

— Déjeûner de soleil, expériences fragiles, murmure-t-on.

Eh ! mon Dieu ! on verra bien ! Laissez faire, laissez passer l'amour. C'est encore la seule, la vraie force de la vie. C'est lui qui inspire le plus de courage, d'enthousiasme, de beaux efforts. Ce sera toujours autant de pris. Et, quoi qu'on en dise, mieux vaut qu'il ennoblisse de sa présence le foyer conjugal, plutôt, exilé de sa vraie place, que de s'incarner dans les fantômes voilés, séduisants et périlleux du bonheur clandestin, de la faute étrangère.

Après l'horreur du cataclysme actuel et l'empoisonnement des âmes par la haine entre peuples, il faut que l'amour vienne vivifier la

famille française et régénére le monde enté-
nébré.

Il doit réclamer sa place au soleil, ne plus être
l'instinct calomnié, le voleur de nuit que l'on
redoute et qui apparaît d'autant plus attirant par
son mystère, dans l'ombre de péché où la morale religieuse le reléguait et le relègue encore.

L'amour, en effet, a été de tout temps le
grand banni. Morale fausse, Société avare, reli-
gions pusillanimes se sont alliées pour le clouer,
comme Prométhée, sur un rocher. Mais par une
équitable vengeance, le vautour immortel s'est
retourné contre ses persécuteurs, et il a enfoncé
dans leur cœur ses serres et son bec d'acier.

Tributaires de l'amour impérieux, les hommes
et les femmes ont connu toutes les hontes de la
vindicte sociale, toutes les misères du mensonge
et toutes les affres de la persécution. Et ce fut
justice, parce qu'ils avaient outragé, méconnu
l'essence de l'amour, le plus simple et le plus
pur des rythmes éternels de la vie, le grand facteur d'harmonie, l'ordre suprême des choses.

L'amour, qui portait sur son visage la candeur
charmante d'Abel, cet Adonis biblique, a pris,
au pourchas, la face crispée de Caïn. Il s'est fau-
filé comme le maître des ruses, l'envoûteur té-
nébreux. Il a connu la bêtise justicière d'une Société qui voyait en lui le spoliateur, alors qu'il

était l'ami des êtres et leur rachat, une providence aux mains douces. Il a connu les prisons, les fosses de terre vive, les bûchers. Son martyrologe emplit l'histoire des siècles. L'amour vécut des chaînes aux pieds : on le lapida, on fouetta à vif son beau corps d'éphèbe ou de jeune femme. Il n'est pas de jour encore où il ne marche ensanglanté.

Il triomphera pourtant.

Non seulement dans les unions qui, en face de la convention hypocrite, dressent déjà la franchise de leur tendresse courageuse, mais de plus en plus dans un mariage où soufflera, avec l'air du dehors, la liberté.

LA FEMME ET LA POLITIQUE

LA PART DES FEMMES

Oui, leur part. Pourquoi ne la réclameraient-elles pas ? D'ailleurs, ont-elles le choix ? C'est ce que l'on ne se demande pas assez.

Le choix, comment l'auraient-elles ? Ce ne sont pas elles qui ont codifié les conditions de la vie moderne. Elles en sont les premières victimes. Ce n'est pas d'hier que Michelet a poussé son cri d'alarme devant ce qu'il appelait un sacrilège : la femme entrant dans l'arène, concurrente de l'homme aux labeurs, aux salaires, lui disputant ce pain que, de moins en moins, il partage avec elle.

La femme veut vivre, voilà tout. Et c'est son droit.

Elle n'a vécu jusqu'à présent que comme reflet, comme écho, comme esclave, dans l'ombre de l'homme. Elle n'a pas eu de vie personnelle. Elle y prétend. Et elle ne réclame que son dû.

La part des femmes? Mais si l'on y réfléchit, combien elle est mince encore! Combien peu elles ont leur droit de cité, leur droit légal, familial, leur droit humain! Loin de nous insurger contre ce qu'elles ont acquis, disons-nous bien que c'est fort peu de chose à côté de ce qu'il leur reste à acquérir.

Voyons ce qu'a conquis la femme, et voyons tout ce qu'elle n'a pu conquérir encore et que détient l'orgueil masculin, la suprématie du plus fort, de celui qui fait les lois et les applique.

La femme, c'est le fait primordial, est entrée dans l'enseignement. Elle s'est fait reconnaître comme éducatrice. On l'avait vue femme de lettres, actrice, ouvrière du luxe ou de la peine, commerçante, infirmière; on l'avait vue peintre, sculpteur; on l'avait vue courtisane. On ne l'avait pas encore vue professeur; elle l'est. Mais depuis combien de temps?

C'est en 1860 que la première candidate au baccalauréat se vit renvoyée durement à ces travaux ménagers, que l'Arnolphe de Molière assigne à la femme: couture, broderie, etc. C'est de 1881 que date la fondation des lycées de jeunes filles, en 1886 seulement que les femmes,

admises dix-huit ans plus tôt à la Faculté de mé-
decine, concourent pour l'internat.

En vérité, c'est d'hier. D'hier qu'elles sont
doctoresses, avocates. D'hier qu'elles travaillent à l'Ecole des beaux-arts et à la Villa Mé-
dicis.

Leurs victoires, on les chiffre moins à la quantité qu'à la qualité. Contre tant d'hommes déte-
nant places, fonctions, honneurs, on cite une
femme qui, par miracle, grâce à un ministre libéral, représente ses millions de compagnes dans
les assemblées de choix.

On cite, en 1888, une femme qui entre au Conseil supérieur de l'Instruction publique. En 1900,
une autre qui pénètre au Conseil supérieur du
travail, au ministère du commerce. Une encore,
féministe éminente, prend part aux travaux de
la commission extra-parlementaire du régime
des mœurs. D'autres deviennent membres du
Conseil supérieur de l'assistance et de l'hygiène.
Et Mme Curie a professé à la Sorbonne.

Exceptions !

En revanche, si la femme peut défendre en
justice une cliente ou un client, elle est inapte à
juger. Toute sa connaissance du droit ne lui
permet pas de passer de la barre au tremplin
du tribunal. Et quand a été créée la grande commission de révision du Code civil, on a vu cette

iniquité : aucune femme ne venant s'asseoir à cette table d'hommes, d'hommes légiférant sur des femmes.

La femme peut être témoin dans les actes de l'état civil, mais elle n'a point qualité pour les dresser, les enregistrer, les prononcer. Elles ne sont ni secrétaires de mairie, ni adjointes.

Pour une à la Sorbonne, en est-il à l'Institut ? Certaines, dont le nom vient à l'esprit immédiatement, dépareraient-elles l'Académie française ? N'y tiendraient-elles pas avantageusement la place de tel ou tel ? Combien sont chevalières de la Légion d'honneur ? Combien ont la rosette ?

Ceci pour les titres officiels.

Au point de vue de sa capacité civile, n'est-il pas invraisemblable que la femme, en se mariant, abdique sa personnalité, et, au regard de son mari et de ses enfants, devienne la première servante de la maison ? N'est-il pas révoltant qu'elle soit, dans son ménage, sans pouvoir, sans argent, sans droits, dépossédée de son âme et de son corps ?

Au point de vue politique, son rôle est nul.

En vain, deux projets de loi ont-ils été déposés et demeurent enterrés sous la poussière et l'oubli ; l'un proposait d'admettre aux élections municipales, cantonales, législatives, les femmes célibataires, veuves et divorcées ; un autre, en 1906, plus libéral, appelait au vote les femmes mariées, mais restreignait leur voix aux élections des conseils municipaux, des conseils d'arrondissement et des conseils généraux.

En vain, le Conseil national des femmes organisait-il jadis un vaste pétitionnement, qui ralliait l'appui du Comité central de la Ligue des Droits de l'homme, soit 73.000 adhérents. La femme française, mineure en son foyer, reste mineure en l'Etat.

Mais, patience !

S'il est vrai que l'union fait la force, cette vérité servira surtout aux femmes, à leur merveilleux pouvoir d'action, de propagande. Les ruches se réveillent, les fourmilières s'agitent.

Aujourd'hui, les femmes de presque tous les pays ont une arme de revendications : c'est le Conseil international, qui, en 1888, naquit d'un Congrès à Washington, et d'un autre à Chicago, en 1893.

D'année en année, le Conseil international des femmes, constitué par un bureau de sept membres et tenant des assemblées quinquennales, a vu s'affilier les groupements féministes constitués dans chaque pays en Conseil national.

D'abord, le Canada, puis, successivement, la représentation des femmes suédoises, anglaises, celles de la Nouvelle-Zélande. Puis ce fut le tour de la République Argentine, de la Suisse, de l'Autriche, de la Norvège et de la Belgique. En 1906, vingt et un Conseils nationaux étaient entrés dans cette confédération des intérêts féminins.

L'avenir est là. On l'a vu aux Congrès de Londres, de Berlin, au Congrès interquinquennal de Paris. On le verra de plus en plus, le jour où la femme qui, jeune fille ou mariée, ne peut disposer de son argent, pourra, grâce à de plus justes lois, disposer de ce qui lui appartient et le mettre au service de la cause commune.

On ne saurait nier la magnifique éclosion d'idées, le mouvement que par la presse, les revues et journaux féministes, les conférences, les groupements, Sociétés, Congrès de toute nature, ont affirmé, en ces dernières années, les efforts de la femme française.

Là, l'élite remplace le nombre. Mais le nombre viendra, soyons-en sûrs, à l'élite par l'élan invincible des circonstances. Souvent, à la lenteur du progrès, on ne mesure pas la marche des grands mouvements économiques et sociaux. On entend des craquements, on voit des fissures, et l'on perçoit bien qu'un grand fleuve souterrain circule.

Tel est le destin de la poussée féministe.

Elle s'amasse, elle s'accroît, elle rallie les hési-
tantes, elle fait corps avec toutes les faibles, elle
se tasse autour des révoltées.

Bientôt, le fleuve crèvera de terre. Et la femme
aura accompli sa révolution.

LA VOIX DES FEMMES

Parviendront-elles, après la guerre, à se faire entendre ? Amèneront-elles l'opinion, le Parlement à leur reconnaître ce droit de suffrage, ce droit de vote et d'éligibilité qui devient peu à peu, pour toutes les classes féministes, le but commun ?

Que la femme doive pouvoir voter, une fois remanié le suffrage universel, cela ne fera aucun doute pour ceux qui reconnaissent en elle l'égale ou l'équivalente de l'homme. Comme lui elle pense, comme lui elle vaut, et surtout comme lui elle travaille. C'est là son titre indéniable, ses véritables lettres patentes. C'est ce qui lui donne titre à parler, c'est ce qui l'autorise à prendre sa part des responsabilités civiques, puisqu'elle assume, elle aussi, sa part des charges économiques.

Six millions de femmes, avant la guerre, exerçaient une profession. Et combien plus, à présent ! Six millions de femmes, — chiffre déjà énorme ! — maniaient l'aiguille, la plume, l'ébauchoir, le livre d'enseignement, le scalpel, le Code, les leviers, les volants, les manettes à l'usine, la machine à écrire dans les bureaux, la bêche et la brouette aux champs. Qu'elles montent sur les planches, reines d'un soir, ou qu'elles récurent les casseroles et mijotent le ragoût, servantes de tous étages ; que de leurs doigts agiles elles confectionnent le chapeau coquet ou la robe harmonieuse ; qu'elles aunent du ruban ou aident les bébés à naître, six millions de femmes en temps normal luttent, triment, gagnent leur pain, et quelques-unes la brioche, au prix de leur labeur ; et combien là-dessus ne gagnent même pas, avec les chômages et les mortes-saisons, sans parler des grèves, de quoi manger à leur faim !

Dites-vous que près de trois millions de paysannes se courbent sur la terre, qu'on compte près d'un million de domestiques femmes, près d'un autre de couturières de divers métiers, près d'un autre encore d'ouvrières d'usine. Le solde se compose de milliers et de milliers d'institutrices, d'employées, de modistes, d'accoucheuses, de quelques centaines de doctoresses, d'écrivains, d'artistes.

Refusera-t-on à ces laborieuses le droit de choisir des mandataires conscients ou conscientes de leurs intérêts ; et n'ont-elles pas le droit et le devoir de s'intéresser aux grandes questions d'assistance ou de protection de l'espèce, qui, pour elles particulièrement, sont des questions vitales ?

Après l'admirable labeur fourni, pendant la guerre, par les femmes françaises, après l'organisation civile et militaire, des femmes anglaises conquérant ainsi de haute lutte leur droit de *suffragettes*, il est superflu de revenir sur les raisons de principe qui militent en faveur du suffrage des femmes. Assez de faits acquis démontrent que les femmes peuvent voter avec sagesse, sans nuire à leur rôle familial, et qu'elles seront les meilleures artisanes du progrès social.

Le suffrage des femmes en France n'est point, au surplus, la nouveauté qu'on croit. Elles ont voté pour les Etats généraux, et exercé ce droit, par procureur, il est vrai. Les noms des femmes côtoient ceux des hommes sur les listes électorales des Etats généraux de 1789. Elles ont figuré aussi aux assemblées communales, en raison du rang qu'elles occupaient dans la commune, la ville ou le fief. En 1848 elles ont réclamé leurs droits, lorsque le suffrage universel a été accordé aux hommes

Reproduira-t-on le sol argument que la femme ne paie pas l'impôt de la guerre ? Mais d'une statistique, d'ailleurs délicate et complexe à établir, il semble résulter que la maternité, le plus périlleux des devoirs et le plus lourd, a sacrifié cinq à dix fois plus de femmes qu'il n'est tombé d'hommes sur les champs de bataille. Ceux qui refusent aux femmes le bulletin de vote, sous prétexte qu'elles ne paient pas l'impôt du sang, devraient logiquement accorder de cinq à dix bulletins supplémentaires à chaque mère.

N'est-il pas extraordinaire de penser que le suffrage universel met le bulletin de vote dans les mains d'une masse d'esprits ignorants, d'alcooliques, d'êtres immoraux et tarés, et qu'il le refuse à des milliers de femmes courageuses, laborieuses, force de la race et soutien véritable du pays ? Songez donc qu'en Angleterre, il y a déjà 312 doctoresses, 190 médecins-femmes dentistes, 10 vétérinaires, 380 journalistes, 98 agents de change, 453 huissiers, 3,699 peintres, photographes ou dessinateurs attachées à la presse. Songez qu'en Amérique, dans les compagnies de chemin de fer, des femmes sont chefs de traction, directrices, membres actifs des conseils d'administration.

Il n'est que de constater ce qu'elles ont fait, dans les pays où elles votaient il y a déjà dix ans. Les résultats sont d'une rare éloquence.

Aux Etats-Unis le droit de vote politique fut accordé aux femmes dans quelques Etats de l'Ouest. Mais c'est à la Nouvelle-Zélande et en Australie que le mouvement a pris le plus d'ampleur.

Dans ce dernier pays, l'influence des femmes a fait voter une excellente législation pour la protection des ouvrières : journée de huit heures, hygiène exemplaire, salaires suffisants. L'influence des femmes a fait améliorer la législation des industries pour les hommes eux-mêmes. Elle a contribué à la protection des enfants, au relèvement du niveau moral du peuple, à la lutte contre l'alcoolisme et la passion du jeu, à la grande œuvre humanitaire des retraites générales pour la vieillesse qui, sur le budget de l'Etat et sans contribution des intéressés, doit assurer une retraite à tous les Australiens âgés de plus de 65 ans.

Dans la Nouvelle-Zélande, le suffrage des femmes, dû à sir Robert Stout, a exercé la plus heureuse influence. Il a instauré une législation antialcoolique dont pourraient s'inspirer nos législateurs, et en vertu de laquelle la plupart des districts ruraux ont voté l'interdiction absolue de la vente de l'alcool. Les villes ont suivi peu à peu l'exemple, et dans un temps prochain, grâce aux femmes, l'alcoolisme et ses terribles dangers auront vécu à la Nouvelle-Zélande.

En Europe, les femmes votent en Finlande, elles votent en Norvège. L'expérience faite en Finlande n'a pas été moins rassurante que dans le Nouveau-Monde. Là encore les femmes ont fait voter l'interdiction absolue de la vente de l'alcool, fixer à huit heures la journée de travail dans la boulangerie, discuter un grandiose projet d'assistance maternelle, d'après lequel les mères nécessiteuses resteraient salariées six semaines avant et huit semaines après l'accouchement, tout en cessant leur travail. En 1907, dix-neuf femmes ont siégé à la Diète finlandaise, et vingt-cinq en 1908. Parmi ces députées, on trouvait une inspectrice du travail, une directrice de bureau de placement ouvrier, six institutrices, cinq couturières, une blanchisseuse, deux domestiques, deux ouvrières de fabrique, une ancienne étudiante et une doctoresse.

La moitié de ces députées sont des mères de famille ou des femmes mariées, qui attestent ainsi la compatibilité de leur fonction politique avec leur fonction maritale ou maternelle.

Voilà donc qui est établi ; aux deux bouts extrêmes du monde, mues par le même instinct de solidarité généreuse, les femmes ont fait voter la protection de l'ouvrière et de l'ouvrier, l'abolition de l'alcoolisme, ont réclamé la retraite pour la vieillesse et l'assistance aux mères.

Que répondre à cela? Il ne s'agit pas de plaidoiries pour ou contre, d'incursions en Utopie; nous nous trouvons devant des réalités. Et je ne parle pas d'autres revendications, comme, en Finlande, le droit à l'héritage pour les enfants naturels, des peines sévères pour les mauvais traitements infligés aux enfants, l'extension des droits de la femme mariée, la création par les communes d'établissements d'éducation pour les enfants pauvres et abandonnés, etc. Toutes mesures inspirées d'un esprit noble, d'un sens élevé de la justice.

Mais si aucune des craintes que l'on pouvait avoir ne s'est justifiée, si la famille n'a subi aucune atteinte, si l'on n'a pas vu le mari et la femme séparés d'opinions, ou la femme désertant son logis pour courir les clubs alors que ses marmots braillent ou que le rôti brûle, si — crainte plus sérieuse — on n'a pas vu les suffrages féminins modifier l'orientation politique, en revanche on a pu mesurer les bienfaits de leur immixtion dans la vie publique.

Le régime parlementaire s'en est trouvé assaini du coup, relevé comme niveau moral.

Peut-être le rigorisme des femmes australiennes a-t-il été un peu excessif dans son traditionnalisme, puisqu'elles n'ont admis comme candidats que des époux et des pères de famille irréprochables, excluant ainsi de la vie publique quelques personnalités de valeur dont la vie privée était indépendante. Mais ce sont excès où le mieux est l'ennemi du bien. Cela se tassera. Les femmes deviendront de plus en plus libérales, affranchies des dogmes rigoureux ou des morales trop étroites.

Ce qu'elles ont fait déjà est admirable. On ne le saura jamais assez. On ne le dira jamais trop. Elles ont conquis par là pour leurs sœurs de tous pays le bulletin de vote mondial.

LA FEMME ET LE MARIAGE

LE VIEUX MARIAGE

Nous vivions sous la loi d'un vieux mariage, à peine rajeuni par le divorce étroit et l'indulgence blasée des juges en matière d'adultère.

La guerre est venue.

Elle a été la pierre de touche de bien des unions. Affranchie de la présence du mari, parfois avec regret, parfois avec soulagement, la femme s'est trouvée exposée à mille tentations nées de sa liberté nouvelle, de l'occasion facilitée, des contacts imprévus, de l'oubli involontaire qui, au cours des longues absences, efface jusqu'à la précision des visages, enfin des ardeurs secrètes de l'abstinence, ardeurs exaspérées par l'atmosphère nerveuse de l'époque, et souvent même, aux villes frontières, par l'imminence du péril.

Sachant ce à quoi la présence brutale de

l'ennemi les exposait, combien de femmes, dans un affollement de l'âme et des sens, ont préféré s'abandonner à ceux qui luttaient pour les défendre ! Que de liaisons ainsi jaillies au choc de la curiosité, de l'entraînement, parfois du vice, au profit des nôtres et de nos alliés !

Sans doute un grand nombre d'épouses qui aimaient, ou qu'un devoir plus haut, une ferme conscience a retenues, se sont conservées pures. Mais elles n'en font ressortir que davantage les licences prises par les autres, licences expiées par des meurtres conjugaux, l'accroissement très sensible des divorces de guerre, prélude d'innombrables divorces de paix, quand les combattants revenus régleront leurs comptes.

Pour certains ménages raffermis, quantité, qui ne subsistaient que par la force de l'habitude ou, pour la femme, le joug de la nécessité, vont se dissoudre.

La guerre, constatons-le, aura porté un coup mortel au vieux mariage, au mariage séculaire.

Et c'est une question redoutable.

Jamais, en effet, la famille n'aura eu besoin de se constituer sur des bases plus solides par la stabilité et la continuité. Jamais, après un pareil bouleversement qui a livré tant d'enfants à eux-mêmes, aux tentations de la paresse et de la rue, n'apparaît plus indispensable d'assurer, à ces consciences encore débiles, une direction parentale consciente, une sûre et ferme protection morale. Et tout témoigne que, par une antinomie fatale et irrésistible, le mariage d'autrefois, déjà ébranlé, va subir, subit déjà une crise formidable.

Momentanée ? Je ne crois pas. On ne goûte pas impunément à la liberté. Et les conquêtes qu'elle sanctionne restent acquises. La femme redeviendra de moins en moins l'esclave de l'homme. Une minorité reprendra le joug, la majorité, point. La femme défendra non seulement les avantages gagnés dans l'ordre économique, mais ce qu'elle considérera comme la justice pour ses droits civils. Et les heurts rudes et peut-être cruels, qui résulteront de conflits maritaux certains, l'irriteront sans la soumettre, la pousseront à s'affirmer encore plus un être, sinon égal, du moins équivalent à l'homme.

C'en sera fini de l'infériorité humiliante consacrée par le Code, sous diverses formes : obéissance, devoir conjugal, pénalités de l'adultère. La femme n'acceptera plus que son mari ait une excuse valable à la tuer, s'il la surprend avec un amant. Elle se révoltera à l'idée qu'il puisse réclamer encore, — le Code n'a point abrogé l'article

337, — son emprisonnement comme pour une voleuse. Elle ne supportera pas davantage l'idée de faire, sans tendresse, abandon de son corps au mari, et de subir des grossesses auxquelles sa volonté n'aura point eu de part. Elle jugera révoltant le devoir conjugal que ne purifie pas un peu d'affection, ou que ne justifie pas l'élan réciproque du désir ou de la procréation.

Et si, épouse, elle entend être traitée avec égards et loyauté, mère, elle réclamera sa part d'autorité dans l'éducation de ses filles et de ses fils. Aujourd'hui l'homme décide. Seul, il peut envoyer ses enfants soit dans une école religieuse, soit au lycée. Seul, si l'enfant se rebelle, il peut exercer le droit de correction et le faire emprisonner dans une maison spéciale. La femme n'acceptera plus son rôle d'ilote. Elle l'acceptera d'autant moins qu'elle se sera rendu compte que, dans la procréation, son rôle est, sinon prépondérant, du moins le plus méritoire, le plus pénible et le plus sacrifié.

Compagne et associée dans le mariage, la femme enfin, à juste titre, voudra ne plus être victime de contrats qui inféodent ses biens au bon vouloir, au caprice, aux déprédations du mari et l'exposent à la ruine, elle et ses enfants, sans qu'elle puisse s'y opposer.

Le vieux mariage ne se rajeunira et ne s'assainira que dans la conscience de la liberté mutuelle qu'y apporteront l'homme et la femme. C'est un mauvais moyen que la contrainte pour plier les individus, car ils ne songent dès lors qu'à l'éluder ; et la fréquence des adultères, jadis surtout masculins, aujourd'hui réciproques et en plus grand nombre féminins, en fait foi.

Entre l'union libre et le mariage libéré, il n'y a pas d'hésitation possible ; et si le second semblait, ce qui n'est pas démontré, inférieur au mariage d'autrefois, mieux vaudrait qu'il perdurât sous cette forme que de disparaître peu à peu, comme une vieille machine grinçante, boiteuse et disloquée.

LA FEMME MARIÉE ET L'OBÉISSANCE

Le Code crée aux époux, à côté de devoirs égaux, fidélité, secours, assistance, des devoirs inégaux : à l'homme la protection, à la femme l'obéissance.

Partage dolosif, car si trop souvent la protection de l'homme est illusoire, l'obéissance de la plus faible est trop réelle, et permet au protecteur tous les abus de la force physique et de l'autorité légale.

L'obéissance de la femme se justifie de moins en moins depuis que, sortie de sa servitude, elle s'est affirmée, par son travail et son intelligence, l'égale de l'homme. Cette obéissance se justifie d'autant moins qu'elle n'est ni précise ni limitée et s'entend dans un sens absolu.

En fait, l'article 213 du Code civil place la femme sous la main-mise totale du mari. Le mari peut, en vertu de l'article 214, imposer à sa compagne le choix de leur résidence, si lointaine ou malsaine qu'elle soit, et la contraindre à y habiter. Chef de la communauté, il dispose de l'argent à sa guise ; père de famille, seul il a la haute main sur l'éducation des enfants. Investi, cela va de soi, du droit de possession conjugale, il peut infliger à sa femme une cohabitation parfois répugnante et des rapports qui violentent odieusement l'âme et le corps. La loi ne laisse à la femme mariée aucune échappatoire : elle est formelle et dure comme un coup de bâton... « Obéissance au mari ». Vlan !

Il est facile d'objecter qu'en fait, très fréquemment par sa patience, par son astuce, ou par son énergie selon les cas, par l'influence aussi de ses charmes, dont elle s'abaisse à jouer comme d'un appât et d'une récompense, la femme conquiert au foyer une autorité sans conteste. C'est sa revanche contre le Code : et les plus malignes mènent des maris impérieux par le bout du nez, tout en ayant l'air de leur céder. D'autres, sachant la faiblesse de leur compagnon, n'y mettent pas tant d'égards, et, à force de tracasseries ou de scènes agressives, obligent le malheureux « protecteur » à acheter, par sa soumission récalcitrante, le bienfait sans prix, cause de toutes les lâchetés intimes : la paix du ménage.

Pour celles-là l'article 213 prouve ironiquement
son inutilité. Pour les autres, les timides, les
dociles, les résignées, celles qui, pétries par l'éducation religieuse, subissent comme un devoir ou
une expiation terrestre la volonté de leur mari,
l'article 213 apparaît d'autant plus inique, dans
sa rigueur vieillotte, que tout aujourd'hui dans
les mœurs et l'opinion consacre l'émancipation
de la femme, devenue, dans les innombrables
actes de la pensée et de l'action, la concurrente
de l'homme.

On se demande en vertu de quel impératif moral la femme doit, parce qu'elle est mariée, se
voir privée d'ester en justice, et aussi, même
non commune et séparée de biens, empêchée de
donner, aliéner, hypothéquer, acquérir, à titre
gratuit ou onéreux, sans l'autorisation de son
mari. Et on n'en trouve pas d'autre que la
sordide conception bourgeoise du mariage : une
association d'intérêts au seul profit de l'homme.

L'obéissance de la femme, saura-t-on jamais
quelles souffrances morales elle aura engendrées,
quels désespoirs contenus, quelles révoltes
sourdes de la part de celle qui, riche, n'est que
l'usufruitière de ses biens, et, mère, n'est qu'une
servante en titre sans droits sur ses enfants !
Que de fois, devant le chantage de son « protecteur », devra-t-elle payer rançon pour voir tenir

compte de ses plus légitimes désirs ! L'obéissance de la femme, qui dira ce que, dans le peuple, elle représente quotidiennement de misères, de coups assénés par des brutes ivres ou violentes ? Et sans le moindre recours à la loi, qui ne punit pas le mari bourreau de prison ou d'amende, qui se garde d'intervenir, puisqu'elle a prescrit à la femme l'obéissance sans limites. Que de complicités peureuses et désolées dans les mauvaises actions et jusque dans les crimes, où la femme arguerait en vain, devant les juges impitoyables, de ce devoir d'obéissance qui, en équité, devrait lui servir au moins d'excuse et de sauvegarde !

Superflu pour les bons ménages, où l'accord naît de la confiance et d'une réciproque bonne volonté, l'article 213 ne sert à rien ou sert beaucoup trop. Il écrase les seules victimes intéressantes que devrait « protéger » la sage volonté de l'homme. Il consacre de la souffrance imméritée. Il n'est plus qu'un anachronisme.

Abrogeons-le !

LE DEVOIR CONJUGAL

Théodore de Banville, devant un livre appelé : *Le Besoin d'aimer*, s'écriait que l'auteur avait trouvé là un titre à faire reculer d'horreur les étoiles.

Qu'eut-il dit devant celui-ci : *Le devoir conjugal* ?

Si deux mots jurent d'être accouplés de la sorte, ne sont-ce pas ceux-là ?

Comme si le devoir — puisque devoir il y a — avait lieu d'être prescrit à ceux qui s'aiment ; et comme si, en l'imposant à ceux qui ne s'aiment pas, la loi ne se montrait pas malpropre. Est-il en effet rien de plus répugnant à penser que, pour la femme surtout, réceptive et passive, le devoir conjugal soit infligé dès la première nuit de noces, sans souci de ses pudeurs et de ses délicatesses, et imposé par la suite, quelque aversion qu'elle puisse éprouver contre un mari brutal, ou malade, ou aliéné, ou tuberculeux ou alcoolique, parfois même, sans qu'elle le sache, syphilitique ? N'est-il pas révoltant de penser que ce devoir conjugal est si bien un devoir pour elle, que, en s'y refusant, elle s'expose à ce que le mari frustré obtienne contre elle le divorce ?

Le devoir conjugal est cependant la pierre angulaire du mariage, non seulement religieux, mais civil, celui-ci reflétant comme toujours, avec la loi du mâle primitif, la morale sexuelle : c'est-à-dire vingt siècles de Christianisme.

Le Devoir conjugal !

L'Eglise a eu le mérite de le purifier en lui assignant ce but unique, la procréation, si par contre elle l'a abaissé en instituant le confesseur arbitre de l'alcove, et en permettant à la casuistique d'entrer dans des détails singulièrement choquants.

Le droit civil, lui, n'a point inscrit le devoir conjugal parmi les obligations des époux, mais il l'a admis implicitement en reconnaissant, par la voix des tribunaux, que le refus du conjoint à l'acte d'amour ou de plaisir peut entraîner le divorce pour injure grave.

Allant plus loin, la Cour de Rome a retenu parmi les causes de nullité du mariage l'impuissance, qui est l'impossibilité matérielle d'accomplir le devoir conjugal. Elle l'a même proclamé, par une décevante interprétation, dans certains cas bizarres : telle, citée par Dumas fils « l'impuissance » de ce capitaine de cavalerie qui avait eu de sa femme plusieurs enfants.

Le droit civil, plus pusillanime, n'a pas voulu que l'impuissance caractérisée fût une cause de nullité, alors que, logiquement ce devrait être une des premières. Et voyez l'absurdité, l'impuissance ne figure à l'article 313 que pour conclure à ce beau résultat ; — le père impuissant ne pourra désavouer l'enfant de sa femme adultère ; mais, par contre, le fait innocent d'épouser sans dispenses préalables son beau-frère ou sa belle-sœur est qualifié d'inceste et provoque la nullité du mariage.

Ce n'est pas à la loi que nous demanderons de supprimer le devoir conjugal, puisqu'elle ne l'a pas formellement ordonné, mais aux mœurs et à l'opinion, plus puissantes que les lois. Un homme d'honneur devrait rougir de violer brutalement sa femme le soir des noces, sans avoir obtenu son assentiment et préparé les conditions les plus favorables à envelopper de douceur et délicatesse cette opération intime. Un homme d'honneur devrait avoir honte d'imposer ensuite son contact au dégoût, à l'aversion dissimulée ou seulement à la froideur de sa femme. Seul, un goujat pourra, dans des temps prochains, exiger comme un droit le devoir conjugal. Songer que des milliers de femmes subissent, à ce titre, les baisers et la luxure de tuberculeux, de syphilitiques, d'alcooliques et de sadiques, soulève le cœur et révolte la pensée.

On peut constater ainsi combien Paul Hervieu avait vu juste en demandant que l'amour figurât au nombre des obligations réciproques des époux. Avec l'amour ou à défaut l'amitié tendre, point de devoir conjugal, la libre possession. Avec l'amour ou l'amitié tendre, plus de ces procès ignobles où, preuves en mains, on arrache les draps du lit et on expose la nudité des êtres, pour cause de refus d'accomplir le devoir charnel.

En vérité, balayant les miasmes du confessionnal et l'odeur moisie du Code, il est temps d'ouvrir les fenêtres de la chambre à coucher.

LA FIDÉLITÉ ET L'ADULTÈRE

L'article 212 du Code civil prescrit aux époux une réciproque fidélité : ce qui est rationnel autant que juste. Il y fixe cette double sanction.

1° L'adultère est une cause de divorce ; 2° l'adultère entraîne, sur la poursuite du conjoint lésé, une pénalité correctionnelle.

Seulement, l'homme ayant fait la loi, l'a faite comme d'habitude indulgente pour lui et rigoureuse pour la femme. Inégalité de traitement, là comme partout ; la morale sexuelle est venue encore peser de tout son poids.

Si le divorce suit également pour les deux sexes l'adultère constaté, il convient de se rappeler que cette identification est récente ; l'ancien texte ne permettait à la femme de demander le divorce pour adultère du mari, que lorsque celui-ci avait tenu sa concubine dans la maison commune, c'est-à-dire, presque jamais. Pas si bête !

Pour la pénalité de l'adultère, l'injustice du contraste est manifeste. Aucune répression contre le mari volage s'il papillonne au dehors ; même pris en flagrant délit, il restera impuni. C'est seulement s'il a été convaincu d'entretenir une concubine dans la maison conjugale (cas exceptionnel), qu'il est taxé d'une amende de cent à deux mille francs.

D'une amende, remarquez-le, et non de la prison !

Quant à la femme, ah ! la femme, c'est autre chose ! A elle la culpabilité majeure, contre elle la répression léonine ! L'article 337 lui inflige un emprisonnement de trois mois au moins et de deux ans au plus, tandis qu'à son complice l'article 338 inflige le même emprisonnement et en plus une amende de cent à deux mille francs.

Si cette vindicte est légère en comparaison des anciennes cruautés dont la loi barbare frappait la femme adultère et son complice, de cette variété inimaginable de tortures : — le feu, le pal, l'amputation, le poison, l'étouffement, la strangulation, la pendaison, l'écartèlement, l'ébouillantement, le dépècement, l'exposition aux bêtes, la noyade, — les mœurs en s'adoucissant et la révolte du sentiment général n'en ont pas moins conduit les tribunaux à juger trop sévères encore les articles 332, 338 et 339. En fait, et presque toujours par application de circonstances atténuantes, ils suppriment la prison pour la femme et le complice, et abaissent le châtiment au prix dérisoire de vingt-cinq francs d'amende, ce que vaudrait un délit de chasse sur la terre du voisin.

Il est apparu de plus en plus à tout le monde, en effet, que l'adultère, dénonçable par l'homme seul et suspensible à son gré, puisqu'il pouvait annuler la poursuite en reprenant sa femme, n'était pas un délit d'ordre public, mais un délit d'ordre particulier, privilégié en quelque sorte, où la Société n'avait pas à intervenir, sinon, ayant proclamé le devoir de fidélité, pour en en constater l'infraction et prononcer le divorce, au cas où le mari outragé se refuserait à pardonner.

L'abaissement d'une pénalité, qui jadis n'était pas moindre que la mort, et la mort affreuse, à une bagatelle de vingt-cinq francs d'amende, cette transposition du tragique au burlesque, ont tellement déconsidéré la vengeance du mari, —car pour lui ce n'est jamais qu'une vengeance médiocre et basse, — que celle-ci même sombre dans le ridicule et ne relève plus que des couplets de revue.

En 1910, M. Viollette, devant la Chambre des députés, produisait un rapport pour l'adoption de la loi proposée par M. Paul Meunier : suppression pure et simple des pénalités de l'adultère. M. Viollette faisait remarquer avec humour que là où les supplices les plus raffinés ont échoué à maintenir la fidélité de la femme, ce n'est pas avec vingt-cinq francs d'amende qu'on l'imposera mieux. Il concluait à l'abrogation des articles précités et par suite du prix réduit de vingt-cinq francs : vingt-cinq francs, juste de quoi acheter dans un grand magasin, avant la guerre, un parapluie ou une paire de bottines pour se rendre au rendez-vous d'amour illicite et courir le risque bien suffisant du divorce. Divorce que, par une pudeur légitime presque tous les maris déguisent sous un prétexte moins désobligeant pour eux, tel que l'abandon du domicile conjugal ou l'injure par lettre.

Ce projet, qui est à reprendre, servira la cause du bon sens et de la justice.

L'ADULTÈRE ET LE MEURTRE

C'est encore M. Paul Meunier qui proposa avant la guerre l'abrogation de la deuxième partie de l'article 324 du Code Pénal, de cet abominable article rouge, éclaboussé du sang d'innombrables victimes : l'article séculaire qui consacre, dans leur sauvagerie ancestrale, les droits abusifs de l'homme sur « sa chose » ; l'excuse du meurtre commis par lui sur sa femme ainsi que sur le complice, s'il les surprend en flagrant délit dans la maison conjugale.

Dans la permanence jusqu'à nos jours d'un semblable texte de loi, il est impossible de ne pas voir la double empreinte de la morale chrétienne et de l'antique barbarie familiale. Rien n'excuse le meurtre d'un être, sinon la légitime défense. Et quel rapport y a-t-il entre la souffrance d'amour-propre ou la douleur jalouse infligée par la femme, et le coup de révolver ou de couteau qui remplace aujourd'hui la framée franque ou la hache de pierre de l'homme des cavernes ?

L'article 324 étiquette un long martyrologe de malheureuses non vengées ; car on sait avec quelle indulgence révoltante les Jurys, si durs envers les attentats qui touchent à la propriété, absolvent les crimes dits passionnels, sans doute parce que très souvent ils n'ont même pas l'excuse de la passion. Etrange amour, en effet, que celui qui assouvit dans le sang sa férocité possessive, à peine explicable par un aveuglement de taureau chez des brutes impulsives ou alcooliques ! Etrange amour que celui qui, trop souvent, ne traduit chez le bourreau que souci lâche de l'opinion, terreur du ridicule ; car là est le secret de tant de cocus sinistres qui se croient moins grotesques en se faisant terribles. Et combien d'autres obéissent à des idées toutes faites, niaiseries féroces inspirées par des phrases de mélo ou de roman, d'adages familiaux, de bribes d'histoire et de légende ! Combien invoquent, comme ne manque pas de le faire, avec de larges effets de manche, leur avocat, les grands mots d'honneur, respect de la famille, pureté du foyer... etc !

En vérité, tuer une femme pour un délit que la loi n'estime pas à plus de vingt-cinq francs d'amende, offre un contraste dont l'insanité aurait dû supprimer depuis longtemps, pour les jurys, cette dérisoire excuse de meurtre. Or, on sait qu'il n'en est rien. L'abrogation de la deuxième partie de l'article 324 s'impose donc. La guerre, à elle seule l'aurait rendu indispensable, en multipliant l'infidélité chez beaucoup de femmes et en abolissant chez beaucoup de maris, entraînés à la violence, le respect de la vie humaine.

L'excuse du meurtre nous vient de la loi romaine, d'une époque où le père avait le droit de tuer, non seulement sa femme, mais sa fille et le complice s'il surprenait leur adultère dans la maison familiale.

Encore fallait-il, pour le mari, qu'il tuât du même coup le complice, et un complice disqualifié déjà par sa condition sociale, tel qu'un esclave, un affranchi ou un repris de justice.

Le Christianisme accrut encore la sévérité des lois ; d'ordre public, la femme adultère fut punie de mort.

L'article 324 consacre pour le mari un privilège d'autant plus excessif que ce privilège est refusé à la femme. L'article 324 offre encore cet illogisme que, s'ils se défendent contre le mari et le tuent, l'épouse et le complice se trouvent, en vertu de la première partie dudit article, en état de légitime défense et bénéficient de cette excuse même.

De tous les crimes passionnels, le meurtre pour adultère est un des plus monstrueux : il est aussi vil que les vengeances des femmes délaissées ou trahies qui lancent le bol de vitriol.

Au surplus, le rétablissement du divorce l'a rendu odieux en donnant à l'adultère la seule sanction qu'il comporte. On objecte que le divorce n'a pas supprimé le meurtre ; il supprime en tous cas la seule excuse que pouvait invoquer le mari rivé, son existence durant, à celle qui le trompait et le bafouait.

Chaque jour la conscience publique, plus éclairée, les mœurs plus douces font apparaître hors de notre temps, comme un phénomène, le mari qui tue. Qu'un trait de plume sur six lignes du Code lui rende sa véritable qualité : celle d'assassin !

BIGAMES

Il est permis de s'étonner de la sévérité à la fois comique et barbare, qui frappe ce crime vaudevillesque : la bigamie.

N'objectez pas qu'elle est rare. Elle l'est sans doute, mais n'en compte pas moins de naïfs et singuliers héros, souvent martyrs, quand on songe à la dureté de l'expiation qui les attend. Des travaux forcés à temps, rien que cela !

C'est à tomber d'étonnement qu'il y ait malgré cela des bigames. Et non seulement il y en a, mais les tribunaux nous révèlent souvent des trigames ; et rappelez-vous, il y a quelques années, ce gaillard qui possédait à lui seul cinq femmes, toutes épousées devant monsieur le maire.

Les travaux forcés à temps, et même peine pour l'officier de l'état civil complice, peste !

Voilà le mariage bien protégé !

La polygamie légale mène en cour d'assises.
Mais la polygamie illégale, elle, n'est châtiée que
dérisoirement ou pas du tout. Et y a-t-il rien de
plus illogique que de considérer le cas suivant
assez répandu, on l'avouera ?

Monsieur a son foyer, où il vit plus ou moins,
et d'où il sort pour se rendre dans un autre
foyer, plus agréable à son cœur. Que la justice,
sur la plainte de sa femme n° 1, s'émeuve, ce point
de droit se posera : Monsieur est-il remarié frauduleusement, ou vit-il en union libre avec sa
femme n° 2 ? Premier cas, les galères. Second
cas, on le laisse parfaitement tranquille.

Tout au plus, une séparation ou un divorce
sont-ils dans l'air. Y a-t-il cependant une pro-
portion entre ce châtiment rigoureux et cette im-
punité ?

Quelle différence y a-t-il entre ces ménages
où naissent et grandissent souvent des enfants,
légitimes ici, illégitimes là ?

Aucune, selon la loi naturelle.

Cette différence, au point de vue social et religieux, que dans un cas il y a mariage et dans
l'autre il n'y en a point.

Est-ce assez pour justifier une telle variation
de pénalités ? Le bon sens dit : Non.

Aujourd'hui, où l'on peut affirmer sans paradoxe
que l'adultère est la soupape de sûreté du ma-

riage bourgeois, aujourd'hui où le mariage se peut définir — point du tout comme le disait Napoléon, premier consul : « Une union des âmes » — mais bien une monogamie tempérée par l'adultère, c'est-à-dire par une bigamie ou une trigamie libres, il est permis de juger l'article 340 aussi féroce qu'inepte.

Si on ne l'a pas adouci plus tôt, c'est certainement à cause du peu de fréquence de son emploi, et parce que personne ne l'a pris au sérieux. L'idée qu'un homme, pour tromper sa femme, éprouve le besoin d'y être autorisé par monsieur le maire, complice inconscient, est en effet de celles qui font rire et transportent au prétoire une scène du Palais-Royal.

Bigame ! Avoir deux femmes légitimes, quand tant de gens ne songent qu'à se défiler de leur chez-eux légal ; s'offrir deux belles-mères, risquer, spectacle bouffe ! de les mettre aux prises et de les voir se dévorer entre elles, tandis que les deux épouses réciproquement trahies, selon leur caractère, tombent en attaque de nerfs ou se précipitent chacune sur sa moiti´ de mari, il y a de quoi dilater notre rate gauloise. Elle ne s'en fait pas faute.

Et nous avons blagué ces bons Mormons, que la justice de leur pays a fini par traquer sévèrement ; nous avons trouvé très ridicules ces patriarches qui s'adjugeaient leur d ͟aine d'épouses, avec la demi-douzaine en plu ͟uelquefois. Et nous ne nous sommes pas dem ͟ndé si, après tout, il n'y avait pas lieu d'envisager telle évolution de nos mœurs où une polygamie régularisée, limitée par les lois, serait non seulement licite, mais souhaitable, autant pour le bonheur des individus que pour la sélection de l'espèce ?

Vous souriez ? Verriez-vous pourtant un grand mal, par exemple, à ce qu'un homme qui n'aurait point d'enfants de sa femme, prît une seconde femme qui lui en donnât ?

Qui nous dit que la guerre, en raréfiant le nombre des hommes, maris futurs, en laissant stériles d'innombrables femmes, alors qu'une prompte repopulation sera indispensable ; qui nous dit que la guerre ne fera pas entrevoir comme possible une bigamie légale, entourée de certaines précautions et de certains égards vis-à-vis de la première femme et aussi de la seconde ?

La bigamie autorisée, en pareil cas, ne sacrifierait complètement personne, ni les deux épouses, ni le mari, ni l'enfant de la nouvelle union. Et en quoi serait-elle immorale, je le demande, une fois acceptée par l'opinion et sanctionnée par l'usage ? Pourquoi refuserions-nous d'accepter au grand jour ce que nous tolérons parfaitement comme plus ou moins clandestin ou même avéré ?

Cet exemple est-il le seul ? N'en pourrait-on découvrir d'autres ? Assurément, la fidélité est le plus noble idéal de l'union, légale ou non, entre l'homme et la femme. Mais ne nous payons pas de mots : il peut se trouver, il se rencontrera des circonstances où l'infidélité trouvera, sinon une excuse, du moins une explication.

Outre qu'elle est d'essence humaine et tient à la nature des êtres et spécialement de l'homme, elle peut être provoquée par des événements indépendants de notre volonté, la maladie, la différence des âges, la transformation des sentiments. Plus d'une femme, qui aime encore et qui se sent moins aimée, préférerait garder une part du foyer, souffrir même la douleur de se savoir une rivale, l'accepter, que de passer par les fourches caudines d'un divorce, conséquence fatale des griefs, des plaintes, des fureurs, de la discorde jalouse et impatiente.

Il se trouverait des situations où la bigamie, tolérée par la loi, apparaîtrait comme préférable au divorce tout autant qu'à l'adultère. Il se créerait des liens de garantie dont le législateur pourrait fixer le mode, et qu'on soumettrait, au besoin, à l'assentiment de l'épouse.

Paradoxe! direz-vous. Qui sait? Ces vastes questions sont complexes. Nous ne pouvons nier que l'enfant, né hors du mariage, ne soit injustement sacrifié. Il est inique de penser que, naturel et non reconnu, il n'ait aucun droit sur les biens de ses père et mère. Il est extraordinaire de constater qu'un cousin au 12e degré sera parent du père et de la mère, alors que l'enfant naturel ne le sera pas de son grand-père. Il est déconcertant de voir que, si l'enfant adultérin né du père est sacrifié, celui qu'introduit la mère est privilégié, soit qu'il naisse à terme, à sept mois, et ait pour père le mari absent ou séparé, soit que, le ménage vivant ensemble au moment de l'adultère, le mari endosse.

Qui sait si nous n'aurions pas avantage, en certains cas, à sauvegarder l'enfant par la légitimation d'un double mariage?

Je ne demande pas, on m'entend bien, un immédiat projet de loi. Ce sont seulement des jalons de réflexion que je pose. Et celui-ci entre autres : la bigamie vaut-elle les travaux forcés à temps, quand l'adultère n'est qu'à vingt-cinq francs et le plus souvent à rien du tout?

L'ASSOCIATION DES EPOUX

Que le mariage soit une association et doive être, à ce titre, considéré et légiféré comme tel, cela ressort du premier article consacré au contrat de mariage et aux droits respectifs des époux, l'article 1367.

Suivent 194 articles réglant les diverses formes de cette association, et établissant la main-mise de l'homme sur la fortune de la femme, tout au moins sur la direction et le maniement de cette fortune.

A quel point notre mariage est un mariage d'intérêts, un mariage fondé sur la possession et la transmission des biens familiaux, le titre V du Code civil le démontre à l'excès, puisqu'à lui seul il tient, avec ses 195 articles, une place démesurée dans le Code civil.

Tout est prévu, les différents régimes sous lesquels les époux s'associent ; et qu'il s'agisse de la communauté, de la séparation de biens et du régime dotal, partout nous retrouvons la même injustice foncière. Le mariage est en fait la seule association où règne l'immoralité du partage des charges et des responsabilités : la seule où celui, (en réalité celle) qui apporte presque toujours le plus se trouve dépouillée de ce qu'elle a apporté au profit de l'homme, déclaré chef et maître de la famille et des intérêts qui la constituent. C'est là qu'apparaît le plus, avec une évidence choquante, la volonté d'un Code qui, refoulant les justes principes de la Révolution, en revint à l'ancien droit, sans tenir compte des revendications légitimes que « la plus faible » pourrait, devrait faire entendre un jour.

Ces revendications, une loi qui s'est fait attendre de longues années, mais qui a fini par aboutir avant la guerre, la loi Goiran, sur le salaire de la femme mariée, cette loi leur donne satisfaction et constitue par avance les éléments du titre V, transformé comme il le sera certainement, quand tout ce qu'il contient de vieillot et d'oppressif frappera tous les yeux.

Il est surprenant et, dans l'avenir, il semblera extraordinaire que tant de précautions de méfiance, d'hostilité aient été prises réciproquement entre époux, pour un contrat léonin conçu d'ailleurs au seul profit du mari. On s'étonnera alors qu'il ait pu exister un régime dotal, véritable Bastille de restrictions, d'empêchements, de difficultés telles qu'elle a entraîné dans des oubliettes ténébreuses la ruine souvent des époux les mieux intentionnés. On admirera ironiquement les dispositions prises pour le régime de la séparation de biens et celui de la communauté entière ou réduite aux acquêts.

Très certainement le titre V du Code civil, remanié dans l'avenir, prévoira l'égalité de droits des conjoints à la disposition et à l'entretien de la fortune du ménage, fixera des devoirs d'apport commun aux charges familiales au cas où chacun des époux y pourrait participer et, en tout cas, respectera la liberté réciproque du mari et de la femme en ce qui touche l'emploi de l'argent de l'un ou de l'autre.

L'union, l'entente, la confiance de la bourse commune ou le choix des bourses séparées seront des actes libres et volontaires, et non plus une sanction anticipée de défiance, de rancune et d'oppression.

L'AMITIÉ DANS LE MARIAGE

On sait que la sagesse bourgeoise des parents, quand ce n'est pas la méfiance réciproque des fiancés, exclut *à priori* l'amour du mariage. Il y a, pour justifier cet ostracisme, des phrases toutes faites : « L'amour n'a qu'un temps ». « Fonder son bonheur sur la passion, c'est bâtir sur le sable ». Et encore : « La beauté passe, la laideur reste ». Les plus francs ajoutent : « On ne se marie pas pour être heureux, mais pour créer une famille. Pour cela il faut de l'argent. » Traduisez : « Une dot bien grasse ».

C'est la honte de notre mariage français que ce souci de l'argent. Tout homme qui a du cœur et de l'intelligence devrait considérer comme une charge d'honneur de faire vivre de son travail sa femme et ses enfants. Ceux-ci, une fois un solide métier dans les mains, n'auront qu'à

faire comme lui, travailler et se marier jeunes.
Mais une idolâtrie vaniteuse, imbécile et touchante pousse les parents bourgeois à vouloir
que leurs enfants soient riches et travaillent le
moins possible ; leur idéal déçu — mais trop
tard ! — c'est des fils à papas qui dilapident, en
faisant la noce, le patrimoine accumulé, ou des
filles livrées, avec trousseau luxueux et bonnes
valeurs, à un gendre qui souvent croque la dot
et trompe la femme.

Juste revanche de l'amour banni !

Certes l'amour n'est pas tout dans le mariage.
Après des illusions que la réalité peut dissiper,
il expose lui aussi à d'étranges mécomptes. Mais
il a cela d'avoir existé, et ennobli un mariage
qui n'est trop souvent qu'un contrat d'argent.
L'amour, comme tout ce qui vit, se fane et meurt ?
Il se peut, dans bien des cas. Mais sur les époux
qui l'ont connu, il laisse toujours un rayonnement et, entre eux, la beauté du souvenir.
L'amour peut se transformer en tendresse, en
amitié ; et dès lors le mariage, s'il devient un
lien moins rigoureux, n'en reste pas moins
solide. Union et confiance facilitent les rapports
des époux, les parents protègent de leur sollicitude les enfants. En vérité, c'est une très belle
chose, la passion une fois affaiblie — et il est
des cœurs où elle ne s'éteint jamais — que cet

automne chaud encore de sentiments affec-
tueux.

Ceux qui voient luire cette lumière connaissent la vérité. Eux seuls savent ce qu'il faut
apporter à la pratique du jour à jour d'égards
mutuels, de soins désintéressés, d'attentions déli-
cates. Eux seuls ne font pas du mariage une
horrible solitude morne, où chacun, mû par des
intérêts différents ou opposés, bâille d'ennui et
grelotte de froid. Eux seuls ne se livrent pas le hi-
deux combat pour la domination, où l'homme apporte son instinct de conquête, son instinct brutal
de mâle, et la femme tantôt une prostitution calcu-
lée pour l'asservir doucereusement, tantôt les ai-
greurs harcelantes qui le lassent et le domptent,
humilié, acceptant tout pour avoir la paix.

Seul, le mariage où l'on s'est aimé conserve,
à travers les médiocrités du terre à terre quoti-
dien, à travers les épreuves inévitables, sa dignité, sa noblesse simple et discrète.

Rien de pareil dans un mariage conçu par
égoïsme, avidité et lucre, n'ayant pour l'animer
que le désir du moindre effort, le goût bas du
plaisir ou de la vanité, un mariage qui ne serait,
selon le mot de l'admirable romancier anglais
Thomas Hardy, « qu'un contrat sordide, basé sur
des convenances matérielles d'impôt, d'héritage
en terre ou en argent pour les enfants », un ma-

riage qui n'est trop souvent « qu'un adultère
légal, fondé sur d'abjects intérêts ».

Ce mariage là, qui crée la discorde intérieure,
les trahisons secrètes, les hontes dissimulées,
apparaîtra dans la Société future une survivance de la barbarie. Seul le mariage basé sur
l'amitié tendre ne fait pas de l'alcôve un bour-
bier ; seul il donne à la vie de l'élévation, à la
vieillesse de la sérénité et de la grandeur à la
mort.

LA FEMME ET L'ENFANT

LE DEVOIR MATERNEL

Si la femme doit être soustraite au devoir conjugal qui lui répugne, si tous les droits que l'injuste loi de l'homme lui a refusés doivent lui être rendus, un nécessaire équilibre veut qu'elle accepte de remplir tous ses devoirs.

Le plus essentiel est la maternité, la maternité voulue et consentie.

Non-seulement, en l'accomplissant, la femme perpétue sa véritable mission et sert les fins naturelles pour lesquelles elle est créée ; mais elle remplit aussi son obligation de Française en augmentant la richesse plastique d'un pays où tarit la sève, et qu'une dépopulation croissante conduirait rapidement au déclin et à la mort.

Voilà quarante ans que, complice de l'homme,

la femme élude ses charges de maternité. Egoïsme chez les unes, lâcheté physique ou morale chez d'autres, pour beaucoup besoin d'un confort ou d'un luxe que l'enfant restreindrait, difficultés matérielles de logement et de vie chère pour d'innombrables ménages bourgeois, pauvreté trop souvent excusable dans le peuple : il n'est pas de mauvaises ou de bonnes raisons que la femme n'ait données pour se soustraire à sa fonction vitale.

Non contente d'éviter la fécondité par tous les moyens préventifs, — moyens que la propagande anti-malthusienne a enseignés à toutes, — des quantités de femmes mariées, et non seulement de filles libres ou même de jeunes filles, se confient aux mains des avorteuses et s'estropient pour la vie, quand elles n'en meurent pas. Le mal affirmé par de fréquents scandales d'avortements en clientèle a pris une telle extension que des projets de lois répressives ont été déposés au Parlement et devront être promulgués au plus tôt, si l'on veut enrayer ce massacre scélérat des innocents.

Les conséquences tragiques de cette stérilité réfléchie chez la femme, on a pu la mesurer à la lueur de l'invasion, des bombardements et des ruines...

Impossible de nier l'évidence ! Nous avons

failli périr et la guerre ne s'est tant prolongée
que parce que notre dépopulation extrême
n'offrait pas à l'ennemi, malgré l'admirable fer-
meté de nos soldats, une masse aussi compacte
et un bélier d'assaut aussi formidable que le
sien.

Comme moi, vous avez entendu ce cri tou-
chant, mais irraisonné de tant de pauvres
mères :

— A quoi bon faire des enfants pour qu'on
vous les tue !

Hélas, il est trop évident qu'à quantité égale
de combattants la guerre eut été moins meurtrière et plus tôt finie. La défaite de l'Allemagne
nous eût coûté moins de sang, moins d'argent,
moins d'efforts. La France, contrainte à repousser
l'inévitable et sauvage agression, a expié son
imprévoyance de n'avoir à son acquit que quelques centaines de mille naissances depuis 70,
alors que l'Allemagne engendrait plus de vingt-
cinq millions d'enfants.

Sachons-le bien, le grenier de réserve pour
l'avenir, — un avenir de paix et non plus de
guerre, souhaitons-le, — la richesse et la force
reconquises du pays consisteront en son grand
nombre d'enfants.

Cette vérité, contre laquelle on regimbait
avant la guerre, finit par frapper tous les esprits

éclairés. C'est à la femme aujourd'hui de se convaincre qu'elle a beaucoup à réparer. Elle a mis en danger, parfois en désaccord, le plus souvent d'accord avec son compagnon, dans une responsabilité inégale, mais suffisamment lourde pour elle, le patrimoine national, le beau cheptel de la race.

Elle doit maintenant, bonne ouvrière de la Cité, refaire du sang neuf, des muscles, un cerveau et un cœur à la Patrie. Elle doit, non par devoir conjugal, mais par libre volonté, concevoir, engendrer et allaiter les milliers de petits Français qui, comblant les vides béants, reprendront l'œuvre des morts et incarneront les destinées nouvelles de la France.

TOUS, ENFANTS LÉGITIMES

Vis-à-vis de la Femme qui acquitte intégralement son devoir de mère, la Société doit acquitter aussi le sien, qui est double : devoir de protection sociale, devoir de protection humaine.

Le premier exige un vaste réseau de lois prévoyantes, assurant à la femme enceinte comme à l'accouchée le repos nécessaire, la subsistance durable, des primes maternelles graduées, des dégrèvements de toutes sortes aux familles nombreuses, du lait en abondance aux enfants, des conseils d'hygiène gratuits, des contrôles médicaux sévères : en un mot, tout ce qui pourra encourager et soutenir la maternité, permettre à l'enfant de s'épanouir autrement que dans la crasse et la misère.

Ce faisant, la Société ne sera pas quitte envers la mère. Elle a pour second devoir de l'entou du respect dû à sa fonction loyalement remplie, en ne sériant plus les enfants sous des étiquettes arbitraires, en ne les parquant plus dans des castes inégales, au bénéfice de ceux qui sont nés dans le mariage, et au dommage des autres.

« Tous les enfants sont naturels ! » s'écrie une femme d'esprit et de cœur, dans une pièce célèbre. Ce n'est pas assez ! Tous devraient être légitimes !

On ne voit pas que la nature dispense la femme de souffrir moins de neuf mois, ni d'échapper aux tortures de l'accouchement, parce qu'elle met au monde un être en dehors du mariage ; on ne voit pas non plus que le nouveau-né diffère, par quelque infériorité physique ou morale, des enfants dits légitimes ; pas plus qu'on ne constate ces différences chez les enfants d'un second ou d'un troisième lit. Dès lors, pourquoi la Loi marque-t-elle de honte, dépouille-t-elle de sa part d'héritage, tient-elle à l'écart comme un mendiant ou un paria, l'enfant non-légitime ?

Toujours l'idée chrétienne, la Morale sexuelle; avec sa morbide idée de souillure :

> L'œuvre de chair ne désireras,
> Qu'en mariage seulement.

Comme si c'était toujours humain, toujours possible !

Et il y a aussi l'idée bourgeoise, indigne d'une Société laïque bien organisée, que le mariage est avant tout un contrat d'intérêts, une transmission régulière d'héritage aux enfants nés sous l'empire de ce contrat.

Comme si les autres n'étaient pas également fils et filles de leur père et mère ; comme si on pouvait, sans inhumanité, leur refuser leur place au soleil ; comme s'ils étaient eux, les innocents, responsables de cette tare fictive de leur naissance !

Ce n'était pas assez pour le Code de disqualifier l'enfant naturel. Il a osé identifier l'enfant adultérin, né d'un libre amour, avec l'enfant incestueux, né de rapports contre nature entre le père et la fille ou le fils et la mère !

Pour permettre la reconnaissance de l'enfant adultérin, il a fallu des années de discussion devant la Chambre et le Sénat, sous l'effort courageux du parti socialiste. Une loi plus humaine autorise en certains cas, grâce au mariage des parents, la légitimation de l'enfant adultérin, mais cette largesse est bien insuffisante, car très souvent, et malgré le désir des intéressés, le mariage reste impossible. Ce n'est donc pas le mariage des parents, leur vie ou leur mort en suspens qui doivent régler le sort des enfants :

mais l'admission de fait de tous les nouveau-
nés au titre d'enfant légitime.

Voyons clair ! En dehors de toute pitié et
de tout bon sens, la question des enfants nés
hors mariage tire de leur accroissement, surtout
depuis la guerre, une gravité extrême. Combien,
en effet, seront nés de rencontres hasardeuses,
de liaisons passagères, ou au rapprochement
des permissions, dans ces faux-ménages que,
par l'allocation à la femme restée seule, l'État
avec justice a considérés comme autant de vrais
ménages.

Déjà, avant août 1914, le nombre des enfants
naturels augmentait dans des proportions in-
quiétantes. Rien qu'à Paris, ils représentaient
plus du tiers de la natalité.

L'ostracisme exercé contre l'enfant né hors
mariage est cause que beaucoup d'entre eux
meurent à leur naissance ou peu après, soit
par l'infanticide, soit par ignorance ou absence
de soins. Et cela quand nous avons manqué de
soldats pendant la guerre (car sans nos alliés !...)
Et cela quand nous allons manquer de main-
d'œuvre pour rebâtir sur les ruines et redonner
au pays sa vie économique ! Et cela, quand il
faut vingt ans pour faire un homme !

Est-il bien sage, devant la tâche écrasante de
demain, de rejeter le tiers de notre natalité dans

la poubelle des préjugés, de la livrer à la vindicte d'une morale aussi féroce que sénile?

La Nécessité se dresse. Elle affirme que l'enfant, d'où qu'il vienne, est une valeur trop précieuse pour qu'il soit stupidement sacrifié aux
sordides intérêts du mariage d'argent. L'enfant,
mais c'est la réserve et la puissance du grenier
national. Dans un pays qui proclame tous les citoyens égaux en droits, ne commençons pas par
enlever les leurs à d'innombrables petits êtres,
qui seront, tout comme leurs frères et sœurs
jusqu'ici privilégiés, des soldats, des artisans,
des penseurs, toutes les forces vives de l'avenir
français !

LES ENFANTS ADULTÉRINS

Beaucoup a été fait, beaucoup reste à faire.

Il est encore trop de cas où un enfant adultérin, irresponsable de l'entraînement de ses parents, est injustement frappé dans la tare de sa naissance. Cette iniquité doit être réparée. Elle devra l'être d'autant plus qu'à un jour prochain, espérons-le, l'adultère n'étant plus reconnu comme un délit, l'ignoble article rouge ayant disparu, des modifications étant apportées aux lois qui régissent les biens des conjoints, la dot étant moins recherchée, la maternité, légale ou non, jouissant du respect qu'elle mérite, on verra s'atténuer les préjugés qui sont encore vivaces contre l'enfant né lorsqu'un des époux est encore retenu dans les liens du mariage.

Le 28 mai 1893, Alfred Naquet déposait un

projet de loi appelant à la succession de leurs parents, à titre égal, tous les enfants légitimes, naturels ou adultérins.

C'était mettre le doigt sur la plaie de notre mariage bourgeois, de notre mariage d'argent. C'est, en effet, au nom de la conservation des biens au profit des enfants légitimes que se sont élevées les objections contre le projet, même chez des républicains et des esprits laïques, libérés, croyaient-ils, de l'influence de la morale sexuelle et religieuse.

Alfred Naquet était cependant dans la vérité humaine et généreuse, contre l'égoïsme de caste, les préjugés séculaires ; il demeurait dans la tradition de la Convention et de ses décrets du 5 juin 1793 et 12 brumaire de l'an II. C'est le Code civil qui revint aux errements du passé, malgré la belle déclaration de Cambacérès devant le Comité de Législation : « Personnellement, j'estime que tous les enfants, même les adultérins et les incestueux, ont le droit de succéder à ceux qui leur ont donné l'existence ».

C'est l'honneur du socialisme, — qui par ailleurs a émis tant d'idées discutables, — d'avoir, à plusieurs reprises, lutté pour la reconnaissance de ce principe, en déclarant inadmissible de voir souffrir un être par la loi, du fait d'une situation qu'il n'a pas créée et qu'il ne peut modifier.

C'est l'appui du socialisme qui a permis, après des discussions et des obstructions réitérées, de faire à l'enfant adultérin une place plus large au foyer : une place d'autant plus justifiée qu'on ne voit pas, d'une part, que la loi exclue de la succession les enfants légaux de lits différents, pas plus qu'on ne voit en quoi ce souci des successions importe à la plus grande masse du peuple ouvrier, qui ne laisse le plus souvent aucun héritage appréciable.

Déjà, comme le faisait remarquer M. Jean de Bonnefon dans un fort intéressant article de l'*Intransigeant*, une loi de nécessité, promulguée en 1917 et due à la guerre, a très heureusement déclaré légitime l'enfant né avant le mariage des parents et après la mort du père soldat. Loi incomplète au surplus, car elle ne vise que les mobilisés (les civils mouraient aussi, bien qu'avec moins d'émouvant intérêt) loi incomplète encore, parce qu'elle ne faisait pas de la mère « une veuve » légale, la laissait mère tout court, non mariée. La guerre, là encore, aura démontré la nécessité de compléter la loi sur les enfants adultérins.

Actuellement la légitimation est autorisée lorsqu'il est né plus de 180 jours après l'ordonnance de l'article 878 rendu après comparution vaine de conciliation devant le Président du Tribunal, ce qui revient à dire qu'elle est refusée à l'enfant né moins de 180 jours après ladite ordonnance.

Il en résulte que, dans le mariage des « complices », il peut coexister un enfant adultérin sans droits, à côté d'un enfant adultérin légitimé. Question de dates, tranchée par le couperet des 180 jours. Comment une telle différence de traitement pourrait-elle être maintenue ? Est-ce qu'elle ne joint pas l'odieux à l'absurde ?

Le projet de loi Viollette, présenté en janvier 1916 à la Chambre, portait : « Les enfants nés hors mariage sont légitimés par le mariage subséquent de leur père et mère, lorsque ceux-ci les ont légalement reconnus avant leur mariage et qu'ils les reconnaissent au moment de sa célébration ». Cette prévision comporte un heureux, un sensible progrès.

Toutefois le mariage, on le voit, demeure la condition de la légitimation des enfants adultérins ; or, le mariage a pu être rendu impossible, soit par la mort anticipée de la mère, ou du père, soit par l'absence accidentelle et prolongée de l'un ou de l'autre. Pourquoi ne pas supprimer résolument la barrière qui sépare les enfants parias et les enfants privilégiés ? Pourquoi ne pas répéter, en faisant la loi définitive,

le joli mot de théâtre — vérité de demain et de
toujours : « Tous les enfants sont naturels ? ».

Et conclure :

« Tous les enfants sont légitimes ».

———

LE LAIT D'UNE AUTRE

Si le devoir de la femme est d'enfanter, ce n'est pas pour elle un moindre devoir que d'allaiter son enfant. Donner la vie est bien, la continuer' est mieux ; et la meilleure garantie de santé et de force pour l'enfant est le lait de sa mère.

N'objectez pas, Mesdames, que votre frêle santé... Les accoucheurs, et le plus célèbre d'entre eux, le docteur Pinard, ont fait justice de cette mauvaise excuse masquant la frivolité, l'égoïsme, la coquetterie, ou la crainte qu'une trop longue abstinence ne lasse la fidélité du mari. Les médecins vous répondent que votre lait appartient à votre enfant, qu'aucun prétexte ne vous autorise à l'en frustrer ; que, presque toujours, vous pouvez le nourrir un certain temps, et qu'il est capital pour ce fragile petit d'être allaité par vous les six premiers mois, et, en cas 'd'impossibilité, les trois premiers au moins.

Les médecins vous répéteront que rien ne remplace pour le nouveau-né cet aliment précieux, et que vous commettez en l'en privant un crime de lèse-maternité. Ils ajoutent, ce qui est vrai, que l'allaitement sera pour vous une source de plaisir ignoré, plaisir compensant, et au delà, la fatigue que vous ressentirez ; car vous connaîtrez la joie profonde, indicible, en tenant au sein votre enfant, de le voir de jour en jour s'alourdir et se fortifier par vous, grâce à vous.

— Mais, objectez-vous, je puis prendre une nourrice !

Un temps, qui n'est peut-être pas si éloigné, viendra où cette réponse n'aura aucun sens, parce qu'il n'y aura plus de nourrices, ou si peu que seules des raisons exceptionnelles, un péril de mort pour l'enfant, autoriseront un pareil recours. Il n'y aura plus de nourrices, parce que l'opinion et la loi seront intervenues pour déclarer immoral et inadmissible cet achat d'une mère et de son lait, au détriment de l'enfant de cette mère. Le nombre de petits malheureux sevrés, aux mains des gardeuses ou des nourrices sèches du village, ont engraissé les cimetières en nombre incalculable. Aujourd'hui même, malgré la surveillance administrative, il en meurt encore trop. Ni la pauvreté, ni une ignoble cupidité ne justifieront un jour prochain l'emploi des nourrices.

Tout a été dit, mais inutilement sur leur compte, et le danger de l'abdication de la mère au profit d'une femme parfois dévouée, mais souvent âpre, goinfre, menteuse, exigeante. Brieux a eu le courage d'indiquer, dans les *Remplaçantes*, le danger de l'avarie communiquée au petit téteur de luxe, au buveur de lait dû à un autre et acheté à prix d'argent. Ce qu'on a beaucoup moins démontré, c'est l'injustice d'un tel pacte. A chaque enfant, le lait de sa mère, dira une morale égalitaire.

Et si vous, Madame, n'avez pas le courage ou le moyen de nourrir votre petit, ayez du moins le soin de l'élever « vous-même » au lait stérilisé.

— Mais cela me demandera beaucoup d'attention et des soins minutieux ?

— Vous les prendrez ; la vie de votre enfant vaut bien que vous vous donniez cette peine, et ne l'abandonniez pas à l'indifférence d'une salariée.

— Mais le lait stérilisé ne vaut pas le lait maternel que je pourrais me procurer avec une grosse nounou à rubans roses...

— Pensez-vous que le lait stérilisé soit meilleur pour le fils ou la fille de la nounou ? Il ou elle s'en contente cependant. Pourquoi monsieur votre « héritier » ne s'en accommoderait-il pas aussi ? Il n'est pas formé d'une pâte différente : il a les mêmes organes et remplit les mêmes fonctions animales.

— Mais...

— D'ailleurs, rassurez-vous, si vous avez nourri au moins pendant trois mois votre bébé, il y a de grandes chances, si vous surveillez la qualité du lait stérilisé, pour qu'il s'en accommode. Au besoin, vous trouverez dans les Laboratoires des laits préparés pour se conserver et excellents.

Ainsi prendra fin cette spéculation éhontée des vaches à lait humaines, ces bureaux de nourrices qui sentent le lait aigre, la sueur et les langes ; ainsi cessera cette exploitation lamentable de leurs petits, ramenés au pays en paquets hurlants ou muets sur les banquettes des troisièmes classes, exposés aux pneumonies l'hiver et aux diarrhées infantiles l'été.

Ainsi, pour les humbles comme pour les riches, se rehaussera la fonction sacrée. Une mère qui allaitera son propre enfant inspirera l'intérêt et la sympathie qu'elle mérite. On n'aura plus le spectacle attristant des nourrices bavardes et paresseuses qui, dans les jardins publics, rouges et repues au sortir d'un repas copieux, gavent de leur lait l'enfant d'une étrangère, alors que le leur, là-bas au village, crie peut-être de faim ou râle d'une maladie meurtrière.

Jolie Madame, pensez à cela. Ne volez plus le lait des petits pauvres !

———

ÉDUCATION FAMILIALE

Si mille signes évidents ne nous attestaient pas la nécessité de former, par une éducation méthodique, les cerveaux de nos fils et de nos filles, nous serions bien aveugles. Et l'avenir paierait cher la négligence du présent. Ces signes abondent. Défaillance constatée de l'enseignement primaire, surtout depuis la guerre. Nombre formidable des illettrés. Insuffisance de l'École et encore plus de la famille. Car la famille française, en effet, est sentimentale et maternelle ; elle n'est pas éducatrice. Elle couve l'enfant, elle ne l'instruit pas.

Nous soucions-nous, en effet, assez d'instruire l'enfant, surtout lorsqu'il est petit, pétulant, et qu'il nous harcèle de ses questions comme une mouche du battement de ses ailes et du picotement de ses pattes.

— Pourquoi ceci ? Pourquoi cela ? demande-t-il, car toute son existence émerveillée et curieuse, prime-sautière et instable, se résume en un perpétuel Pourquoi ?

— Parce que, répondons-nous. — Parce que quoi ? Et trop souvent, quand la réponse exigerait trop d'explications, ou quand nous ne savons pas, et que cela nous déplaît de l'avouer, nous répliquons : — Parce que c'est comme cela, ou : — Tu m'ennuies, va jouer.

Nous pensons : « Il a bien le temps d'apprendre ces choses, ce petit. Et l'instituteur, le professeur s'en chargeront. »

Est-ce bien sûr ? Ils ont tant à faire. Certes, elle est belle, la mission de l'éducateur officiel, mais elle est lourde aussi, et nous devrions la lui faciliter de tout notre concours cordial et empressé. Au lieu de cela, combien de parents surveillent, d'un œil soupçonneux et méfiant, l'éducation reçue par leurs fils à l'école, au collège, au lycée, critiquent le maître, se froissent des reproches ou des mauvaises notes comme si cela les visait directement.

Former l'esprit de l'enfant ? « Eh, mon Dieu, le maître est là pour ça ! » Et trop souvent la famille est une force jalouse et ombrageuse dirigée contre l'éducateur, au lieu d'être une alliée, un renfort.

Nous n'honorerons jamais assez le bon instituteur, le professeur dévoué à ce labeur ingrat.
L'éducateur, en effet, a dit Louis Havet, « parmi
tant d'hommes occupés de grossir leurs profits,
représente les idées hautes et impersonnelles.
C'est lui qui révèle aux humbles la fierté, aux
ignorants la beauté du savoir, aux égoïstes les
mille devoirs qui nous lient tous. »

Soutenons-le donc ! Et d'abord les parents de
toutes classes, et surtout de la grande foule agri-
cole et ouvrière, devraient, bien qu'il leur en
coûte et que le sacrifice soit souvent rude pour
eux, envoyer l'enfant à l'instituteur le plus tôt
possible et le retirer le plus tard possible. Le
temps des études est trop court. De là tant de
choses emmagasinées va comme je te pousse,
et le stérile oubli qui s'étend en poussière, en
crasse, sur ces notions mal assimilées.

En dehors des heures de classe, l'enseignement familial devrait reprendre ses droits. Rien
de meilleur. Ce que l'enfant entendra, il l'entendra deux fois ; il l'entendra avec des nuances
qui lui permettront de saisir des aspects différents ; il comparera, et connaîtra mieux.

Et n'objectons pas que nous n'avons rien à lui
apprendre en dehors de ce qu'on lui enseigne :
nous avons tout à lui apprendre. Tout peut et
doit lui être leçons de choses et, de notre part,

enseignement simple et distrayant. N'objectons pas l'ignorance de beaucoup de parents, leur esprit peu cultivé, leurs connaissances bornées. Chacun dans sa sphère sait beaucoup de choses. Est-ce que nous savons, bourgeois, distinguer les plantes de la terre, les arbres, les récoltes? Le plus humble paysan le sait. Saurions-nous expliquer ce que tant d'ouvriers connaissent par la pratique? « Tout ce que les parents savent, tout ce qu'ils apprennent chaque jour, ils doivent chercher sans cesse à le faire comprendre à leur enfant. »

Ils sont bien placés pour chercher à développer en lui l'esprit d'*observation*. Est-ce que tout n'est pas matière à la curiosité, à l'examen? La borne kilométrique qui jalonne la route, la ville qui est au bout de celle-ci, le facteur qui passe sac au dos, le boucher dans sa carriole, le soldat suivi d'autres soldats qui se glissent le long des haies, se terrent dans les chemins creux. Voici un nid : la vie des oiseaux intéressera l'enfant comme un merveilleux poème. Son cerveau assemblera ainsi, petit à petit, les connaissances. Il prendra — sachons le lui inculquer — le goût de chercher et de vérifier personnellement.

Eh ! oui, personnellement. Plus il aura l'habitude de raisonner par lui-même, de contrôler ce qu'il voit et remarque, plus il sera protégé dans la suite contre les pièges de la mauvaise foi et les embûches de la crédulité.

Les occasions, pour les parents, d'instruire l'enfant sont innombrables. Sur un sou de la République, un petit sou, il peut apprendre des siens sous quel gouvernement il vit, et, à la comparaison d'un sou de l'Empire, comprendre la différence des époques et la succession des régimes. Mettre à profit toutes les circonstances du travail et du repos, tous les incidents de la vie commune et privée, il y a là une source féconde et intarissable d'enseignement. Le pain qu'on mange, le pétrole de la lampe, le cycliste qui passe, le menuisier qui rabote, le journal qu'on déplie, tout est utile, tout sert à l'éducation rationnelle.

Mais, de même qu'il faut séparer le bon grain de l'ivraie, les parents se garderont de fausser l'intelligence naïve qui les écoute en lui confiant ce qui est faux, absurde : la superstition du nombre 13, celle du vendredi, les remèdes de bonne femme, surtout ceux qui dans les campagnes sont d'usage si malpropre ; la foi aux somnambules, aux cartes ; la peur des esprits et des fantômes : que sais-je ? L'éducateur digne de ce nom ne doit faire entrer dans le cerveau fragile, dont il a la garde et la responsabilité morale, que ce à quoi il croit fermement lui-même.

Ceux qui ne sont pas sûrs de leur pensée, auront tout à gagner à ne pas initier l'enfant à ce qui divise les hommes. Leur champ d'action demeure si vaste et si large : n'ont-ils pas à faire croître dans l'âme de leurs fils la bonté, la justice, le courage et la sincérité ?

N'ont-ils pas à leur apprendre à devenir citoyens solidaires les uns des autres, de bons Français, épris de liberté et sachant le prix de la discipline, ouverts à la sympathie envers les peuples qui en sont dignes, mais préférant leur Patrie à toute autre ; car on peut détruire sa propre patrie, on ne détruit pas les patries. Et plus l'homme vaut, plus il sait, plus il sent, plus il veut, et plus en lui la conscience de patrie s'élève. Élémentaire chez les plus humbles, qu'asservissent les besoins essentiels, elle devient complexe chez ceux qui arrivent à prendre d'elle une conception supérieure. Mais, restreinte ou agrandie, elle s'impose à tous. Combien cette affreuse guerre nous l'aura fait comprendre ! Et les *pères* et les *mères* qui méritent ce beau nom sauront, sous mille formes, faire aimer à l'enfant cette terre, cet air qui de partout l'enveloppent, riches d'idées, de souvenirs, gonflés de la sève de la vie en marche.

Morale individuelle, morale civique seront donc l'aboutissant de l'éducation familiale comme elles en auront été le point de départ.

C'est, en effet, par dessus tout, le caractère que nous devons chercher à développer. La haine du mensonge, de la lâcheté, de l'égoïsme sera à la base des préceptes que nous nous devons de transmettre à nos enfants. Car tout se tient, et l'éducation intellectuelle contribue à l'éducation morale ; si bien que tout ce qui sert à l'esprit profite au cœur.

LA FEMME ET LE DIVORCE

LE DIVORCE ET SES ADVERSAIRES

Même fondé sur l'amour ou l'affection, le mariage peut, au frottement des caractères, aux défaillances des volontés, sous l'empire d'influences extérieures, aux secousses de l'instinct, aux frénésies de la passion, à l'usure de l'habitude, au lent empoisonnement des griefs, par l'effet de mille causes tenant à l'imperfection humaine, devenir pour l'homme et la femme, ou l'un des deux, une chaîne intolérable.

Un divorce limité, reconquis par l'Etat républicain et non sans peine contre la Morale sexuelle et religieuse, permet en certains cas, très insuffisants, la rupture de cette chaîne.

En fait, c'est la femme que le plus souvent le divorce libère. C'est à la requête des femmes que le plus souvent il est prononcé. Réduites à réclamer une liberté dont elles sont presque toujours victimes, parce qu'elles les vouent au discrédit bourgeois, elles témoignent bien ainsi combien, dans le mariage et même en dehors ensuite, la Loi de l'homme les opprime.

Elles surtout pourraient dire, aux adversaires du divorce, la nécessité de ce pis-aller qui n'est un bienfait que par son rôle chirurgical... Elles surtout, dolentes, meurtries par la cruelle opération, sauraient dire à ceux qui voudraient leur retirer cette triste délivrance, à quel point cependant elle est conforme à la justice et à l'intérêt de la Société.

C'est qu'en effet, les adversaires du divorce n'ont pas désarmé.

Après la guerre, — ce n'est ni manquer à l'Union sacrée, ni vouloir raviver des polémiques fâcheuses, que de le constater, — le divorce sera remis en question — il l'est déjà! Une récente brochure de propagande, signée par M. J. Massabuau, ancien député, avocat à la Cour d'appel, indique bien comment se produira l'assaut et avec quels arguments.

Ce sont les mêmes que l'on nous opposait, à mon frère et à moi, lors de nos campagnes de presse et par le livre et le théâtre, de 1898 à 1905, comme on les avait déjà opposées à Alfred Naquet, lorsque sa courageuse ténacité arrachait en 1884 à ses adversaires, après huit ans d'efforts, la loi actuelle du divorce.

Le premier argument est d'ordre politique et religieux : il n'est valable que pour les fervents de l'Eglise et perd toute sa valeur dès qu'il prétend régenter ceux qui n'appartiennent pas ou ne se considèrent plus comme appartenant au culte catholique. Qu'un époux de cette confession ne veuille pas plaider en divorce, c'est son droit le plus respectable ; mais le droit de son conjoint, plaidant contre lui, n'est pas moins légitime. A quel titre le catholique, consentant ou résigné à la séparation de corps, prétendrait-il imposer cette forme de demi-rupture à celui ou à celle qui réclame la rupture entière ? Sans doute par la conversion, au bout de trois ans, de la séparation de corps en divorce, le catholique subit une situation contraire à ses principes et à sa foi ; mais, s'il ne la subissait pas, c'est donc son conjoint qui se verrait sacrifié. Or, le divorce ne contraignant pas le catholique à se remarier, mais permettant de le faire à celui qui ne pratique pas ou ne pratique plus, il apparaît bien que cette solution, qui permet la renaissance d'un foyer et la procréation de nouveaux enfants, soit la plus conforme à l'équité en même temps qu'aux droits inaliénables de l'individu.

Le second argument, d'ordre philosophique,

se réclame de la biologie. La famille étant la cellule-type de la Société, tout ce qui l'affaiblit, tout ce qui la détruit comme le divorce, est malsain. Cela serait fort exact, si la cellule qu'est la famille baignait dans un milieu incorruptible, si elle était toujours elle-même parfaite et intacte, si elle échappait aux lois destructrices de la vie. Mais que de fois s'infecte-t-elle, la cellule-type ! Que de fois met-elle en péril le corps entier ! Toute la question est de savoir s'il y a avantage, pour l'agrégat des cellules, pour la Société, de subsister en menace ou en état de pourriture, ou s'il vaut mieux qu'elle soit assainie par le bistouri brutal du divorce. N'est-ce pas se refuser à l'évidence, que d'affirmer préférables les mauvais ménages, les unions détestables et détestées, les mensonges de l'adultère, sa trivialité basse ou ses drames, les accouchements clandestins, les meurtres dont l'écho se répercute en cour d'assises ?

— Sacrifiez l'individu à la Société ! C'est vite dit ! Il faudrait démontrer que la Société, collection d'individus, a intérêt aux misères, aux vains sacrifices, aux révoltes scandaleuses et aux souffrances désespérées de ces individus dont l'on fait si bon marché ! Jamais cette preuve n'a été apportée.

Le troisième argument est celui des enfants,

victimes, affirme-t-on, du divorce. Mais ce n'est pas du divorce, c'est de la mésintelligence, hélas ! des parents que l'enfant souffre, c'est des scènes ignobles, c'est des exemples vils, c'est de la lutte haineuse des siens. Le divorce n'en est que le témoignage déchirant. Ceux qui évoquent l'intérêt des enfants n'ont donc jamais vu ce que ceux-ci deviennent dans un ménage en discorde ! Ils n'ont jamais vu leurs pauvres yeux d'angoisse, leurs lèvres serrées qui tremblent, leur pâleur et leur façon de se terrer, de se faire tout petits ! Si, dans le divorce, l'enfant était confié à celui qui l'aime et saura l'élever le mieux, il serait beaucoup moins à plaindre que vivant dans un foyer contaminé. D'ailleurs, il ne restera pas toujours un enfant : il grandit, il comprend, il juge, il s'affranchit, il s'éloigne et fait sa vie.

On objecte (1) qu'à travers les dissentiments du mariage indissoluble, la résignation viendrait et que les époux procréeraient de nouveaux enfants, nécessité urgente après la guerre. Il serait bien improbable, vraiment, que les mauvais ménages se missent à contribuer à la repopulation, alors que tant de bons ménages se font volontairement stériles !

(1) M. MASSABUAU, La *Famille*, le *Divorce*.

Reconnaissons le mariage pour ce qu'il vaut : aux yeux de la société laïque, ce n'est pas un sacrement, c'est une libre association, noble dans son but, et qui, comme toute organisation humaine, comporte des risques de faillite. Le divorce a l'avantage de liquider cette faillite ; seulement il s'y prend mal et incomplètement parce que ceux qui l'ont rétabli n'ont pas osé lui donner son ampleur et son véritable caractère.

LA PORTÉE DU DIVORCE

En rétablissant le divorce, les législateurs de 1884 ne parurent pas apercevoir sa portée et ses conséquences. Ils semblèrent oublier que, si la Restauration supprimait en 1816 le divorce, décrété par la Révolution en 1792, ce fut à la requête de M. de Bonald, sur le rapport de M. de Lamoignon soutenu par M. de Luzerne, évêque de Langres, et M. de Clermont-Tonnerre, évêque de Chalons. La Monarchie, puis le Second Empire, pendant soixante-dix-neuf ans, imposèrent à la France nouvelle machine arrière. En 1848 le temps manquait, dans le remous de l'époque enfiévrée, pour que la proposition de Crémieux, tendant au rétablissement du divorce, se réalisât. Un Parlement républicain avait donc la partie belle pour voter une loi large et sage. Il recula par timidité ou imprévision. Il ne

vit pas surtout le grand point, — et il ne semble
pas que les Parlements successifs l'aient vu davantage — : l'importance d'un acte qui libérait la
Société civile, l'affranchissait de la domination
de l'Eglise.

Là cependant était l'intérêt vital du problème.
Avant que le divorce fut rétabli, notre mariage
civil ne différait pas dans ses conséquences
du mariage religieux, fondé sur l'indissolubilité. Le divorce a nettement séparé le contrat
civil du sacrement religieux. Grâce à lui, l'Etat
laïque soustrayait la femme, et par elle l'enfant, parfois même le mari, à l'emprise du
confesseur, représentant du pouvoir théocratique. Par le divorce, l'Etat laïque vivifiait la Société et l'individu du souffle de l'esprit moderne :
il complétait par avance la séparation de l'Eglise
et de l'Etat ; il préparait l'évolution des idées
de libre examen, dégagées de la gangue du
passé.

Il ne peut être ici question de sectarisme. La
Foi est utile à trop d'êtres pour être combattue
par l'Etat laïque qui se borne à ne privilégier
aucun culte particulier. Ce n'est pas en ennemie
de l'Eglise que la Société civile doit se poser pour
récupérer ses droits, mais en puissance autonome, accomplissant ses destinées propres et
tendant à des fins différentes.

Les législateurs de 1884 ne l'ont pas compris. Le divorce qu'ils réinstauraient fut sans doute un progrès considérable, mais incomplet. Ils laissèrent les Tribunaux donner au prononcement alors parcimonieux des divorces un air de châtiment. Ils entourèrent la rupture du mariage d'une procédure scandaleuse, d'un étalage de boue, au lieu de la soumettre au huis-clos. Par suite, une disqualification bien naturelle poursuivit les divorcés, surtout les divorcées, rejaillit sur les enfants.

Ce faisant, députés et sénateurs méconnurent la valeur sociale de la loi qu'ils édictaient, son caractère de relative bienfaisance. Le divorce ne prétend point, en effet, comme ses ennemis l'en accusent, à assurer le bonheur de l'individu aux dépens de la Société, ni à permettre à chacun de « vivre sa vie » égoïste ou passionnelle. Il n'a d'autre raison d'être que de réserver à ceux qui souffrent un malheur moindre.

La Révolution, en sécularisant le mariage, avait fort bien senti qu'il n'est qu'un pacte, un contrat de fidélité, de secours, d'assistance réciproque, « une association libre entre époux » devait dire M. Viviani. La Révolution avait fort bien senti que la loi, qui proscrit comme contraire aux mœurs les contrats personnels, la loi qui n'autorise pas qu'on se vende à titre d'esclave ni qu'on prononce au couvent des vœux éternels, cette loi ne pouvait déclarer que le mariage comporterait des serfs à perpétuité, ferait des époux les contractants d'un vœu infrangible. Elle était logique avec elle-même, en considérant que le manquement de l'un des deux conjoints au libre contrat devait en entraîner la dissolution.

Les législateurs de 1884 montrèrent une pusillanimité fâcheuse en restreignant les causes du divorce, en écartant les barreaux de la geôle avec tant d'étroitesse que les évadés du mariage durent les forcer douloureusement, en spectacle public, poursuivis par la médisance des spectateurs, éclaboussés par la diffamation des plaidoiries.

Ce fut de la part d'un Parlement républicain une regrettable erreur.

UNION FORCÉE ET UNION LIBRE

Quelque ménagements que la guerre exige envers ceux dont on ne partage pas les convictions, il faut bien aborder ici le problème religieux.

Le divorce élargi conduit à l'union libre : tel est le grand argument de nos adversaires.

Que vient-elle faire ici, la pauvre union libre ?

Je ne crois pas que les plus déterminés partisans du divorce l'aient réclamée comme une évolution sociale souhaitable avant longtemps, avant si longtemps qu'il n'y a pas lieu, en vérité, d'en envisager l'avènement.

Ce qu'est l'union libre, ce qu'elle peut être, ce qu'elle comporte en certains cas de profonde tendresse et d'honorable dignité, nul ne le contestera.

Qu'il vienne une époque où une humanité

meilleure puisse se passer de tout contrat, de tout engagement d'ordre social, il se peut : rien de plus désirable. Si cet avenir doit se réaliser, si l'union familiale trouve en elle-même ses éléments de force et de durée, ce sera une des meilleures preuves de la perfectibilité de l'espèce humaine et de la réalisation du progrès.

Mais Salente n'est pas encore construite, il s'en faut ; la cité idéale ne nous apparaît encore que dans les nuages d'une aurore confuse. Nous vivons en 1918 et non quelques siècles en avant.

Partisans du divorce, nous savons que l'union libre, entrée brusquement dans les mœurs, ne conviendrait ni à celles-ci ni à l'éducation morale si incomplète de la masse. Nous savons qu'elle ne protégerait qu'insuffisamment, à l'heure actuelle, la femme et l'enfant.

Ce n'est pas entre l'union libre et le mariage catholique que se place le problème, mais entre le mariage tel que le conçoit la Société civile et le mariage tel qu'un parti religieux et politique entend le monopoliser.

Et, là encore, faudrait-il ne pas jouer sur les mots. Il est fort éloquent de vanter les vertus de la fidélité, du dévouement, de l'amour maternel et paternel, comme si tout le monde n'était pas d'accord pour déclarer qu'en effet rien n'est plus à désirer, et que c'est le plus noble idéal qui soit.

Il s'agit de savoir ce que deviennent ces vertus aux prises avec la douleur, l'humiliation, la honte, le dégoût quotidiens, et si une classe de citoyens, au nom de respectables croyances religieuses ou politiques, a le droit de condamner d'autres citoyens, tout aussi dignes de respect et d'estime, à la torture d'unions mal assorties, aussi pénibles pour eux que déplorables pour leurs enfants.

Il s'agit de savoir comment les adversaires du divorce mettent d'accord leurs principes avec les contingences médiocres de la vie, et si le stoïcisme qu'ils préconisent ne faiblit pas, pour eux comme pour tout le monde, quand la souffrance les tenaille. Pour ceux-ci, n'est-ce pas le recours à Rome, cette « nullité » du mariage qui n'est autre chose qu'un divorce religieux. Pour ceux-là, ne sont-ce pas les compromis de la morale aristocratique ou bourgeoise: la bigamie, la polygamie discrète refleurissant pour la plus grande consolation des uns et le plus grand plaisir des autres?

Toute la question est de savoir si l'adultère, plus ou moins dissimulé, vaut mieux que le divorce et un remariage loyal, au plein jour. Toute la question est de savoir si le divorce religieux, « la nullité » prononcée en Cour de Rome, ne constitue pas une rupture de mariage aussi absolue que le divorce laïque.

Le doute, dès lors, n'est plus possible. Où est la vérité ? Elle est dans ce qui est juste. Elle est dans ce qui est humain. Et il est juste et humain que le divorce, dans quantité de cas particuliers, délivre un homme ou une femme, ou tous deux, d'un servage devenu insupportable.

LE DIVORCE ET SES CAUSES

Elles se réduisent actuellement à trois.

La condamnation à une peine afflictive et infamante.

L'adultère établi.

Les excès, sévices, injures graves.

Or, la condamnation à une peine afflictive et infamante, telle que la mort, les travaux forcés, la déportation, la détention ou la réclusion constituent, on l'avouera, des cas plutôt rares. Par contre, on ne tient nul compte du vol, de l'escroquerie, de l'abus de confiance, de l'outrage à la pudeur, de l'attentat aux mœurs qui sont cependant de nature à altérer profondément les sentiments conjugaux.

L'adultère ? Mais ce grief qui a l'inconvénient de ridiculiser et de salir non seulement les conjoints, mais aussi leurs enfants, n'est pas si facile à constater légalement, avec les exigences du Parquet, l'enquête plus ou moins discrète du commissaire, les chinoiseries de l'heure légale ; et la preuve par témoignage ou celle par correspondance dépendent de l'art illusionniste des avocats, des dispositions hasardeuses des juges.

Hors ces deux causes péremptoires, il ne reste à invoquer que les sévices, excès, injures graves : c'est-à-dire les fantaisies du droit, les marécages des gloses, les sables mouvants de la jurisprudence. Aucun tribunal n'a encore fixé de façon stable où commencent, où s'arrêtent les excès, sévices et injures graves. Battre sa femme ici est un cas de divorce, ailleurs de déboutement. Les mots grossiers, ignobles devant témoins, ici comptent, et là point. C'est le brouillard des interprétations, le chaos des jugements et des arrêts.

Ajoutez les traquenards de la procédure, le piège de « réconciliation » où l'adversaire avisé s'efforce de faire tomber son conjoint, afin d'annuler son instance en divorce. Ajoutez les lenteurs de l'inscription au rôle, la complication des formalités et des paperasses, l'ajournement des débats qui peuvent user la patience et la bourse pendant deux ans, trois ans, cinq ans ou davantage. Ajoutez le processus moyen-âgeux,

la transcription tendancieuse des enquêtes.
Ajoutez le dégoût des procès plaidés devant les
salles curieuses, amusées, friandes de scandale;
et vous vous demanderez pourquoi les législateurs de 1884 n'ont pas : 1° précisé davantage et
mieux les motifs du divorce, 2° instauré la seule
forme de rupture honorable, parce qu'elle est
silencieuse et propre : le consentement mutuel.

Au lieu de ce titre vague : excès, sévices, injures graves, pourquoi n'a-t-on pas inscrit des
griefs formels, dont la validité apparaît cependant probante ? Est-ce que toute brutalité constatée, toute injure ignominieuse, est-ce que
l'alcoolisme et l'ivrognerie, est-ce que l'aliénation
mentale durable, est-ce que l'absence volontaire
pendant deux ans au moins, et la séparation volontaire de fait pendant un an, est-ce que l'impuissance, est-ce que les infirmités dégoûtantes et
incurables cachées frauduleusement au moment
du mariage, est-ce que les fausses dénonciations
et les calomnies d'un époux contre l'autre, est-ce
que l'acquisition d'un gain déshonnête, est-ce que
les dissentiments religieux, est-ce que l'aversion
invincible ne devraient pas figurer comme causes
péremptoires du divorce ?

Quant au consentement mutuel, on sait que
les conjoints qui se respectent y recourent, sous
une forme déguisée (adultère d'accord, injures

convenues, abandon simulé du domicile conjugal). Comédie sans difficulté lorsqu'il s'agit de
personnages notoires, ou appartenant seulement
au monde bourgeois. Dispensé de plaidoiries dé-
taillées, le divorce en pareil cas est, surtout à
Paris, prononcé rapidement. Quel obstacle voit-
on à le rétablir dans la loi ? Son absence est
d'autant plus inexplicable que le divorce fondé
sur le consentement mutuel est le seul rationnel, et le plus légitime. Il éviterait la comédie superflue ou dérisoire, qu'on joue pour le
remplacer. M. Louis Martin l'avait proposé à la
Chambre, et en 1917 M. Violette présentait un
rapport favorable.

Le consentement mutuel s'impose au bon sens
public.

LE DIVORCE PAR LA VOLONTÉ D'UN SEUL

Reste une dernière cause de divorce, la plus discutée, celle qui, lors de notre campagne d'idées nous valut les attaques les plus vives, à mon frère et à moi, je veux dire le divorce par la volonté d'un seul.

Que de réprobations n'a-t-il pas soulevées ! Que d'arguties empruntées au droit romain et coutumier, au Code civil, à la morale, à la valeur du contrat synallagmatique ! Que de colères contre un texte de loi, dont Paul Hervieu, dans les *Tenailles*, faisait dire à son Hélène Fergan, malheureuse et ligottée : « Il y a une époque toute récente encore où, ici-même, en France, la décision d'un seul des époux suffisait à faire rompre le mariage. »

La volonté d'un seul ! Mais « c'est la répudiation ! » ont protesté les uns ; et, se targuant d'une vaine générosité, ils ont fait ressortir l'inconstance naturelle du mâle, l'abandon de la femme livrée à son caprice brusque et à son facile oubli des serments jurés.

Oui, c'est la répudiation, mais ne feignez pas de l'ignorer, la répudiation *réciproque*, dont l'emploi appartiendra également aux deux époux. Le fait que la femme en usera et que c'est elle, le plus souvent lésée, qui fournit la majorité des instances en divorce, contrebalance et au delà le droit régalien de l'homme.

Cette répudiation à titre réciproque sera-t-elle d'ailleurs si fréquente ? Sa menace ne servira-t-elle pas souvent d'avertissement et de frein ? On tient d'ordinaire à ce que l'on craint de perdre. Supposons que, par un reste de tendresse ou par intérêt, — cas le plus banal — les époux ou l'un deux malgré tout tiennent au maintien du mariage et y trouvent leur compte. Croit-on que d'idée d'en sacrifier les avantages moraux ou matériels n'atténuera pas les angles, n'adoucira pas les chocs quotidiens, ne prédisposera pas les époux à plus d'égards et à plus d'indulgence, surtout lorsque le mal vient, comme presque toujours, du conflit des caractères ?

D'autres ont rappelé la valeur du contrat synallagmatique. Un accord conclu par une double volonté ne peut être rompu par une seule. Et

pourquoi, je le demande, cet accord de double
volonté serait-il maintenu aussi par une seule,
contre la volonté de l'autre ? On a été deux à
conclure, il faut être deux pour maintenir. Dans la
pratique, on voit presque toujours d'un côté une
victime, de l'autre celui ou celle qui l'opprime. Si
des griefs motivés justifient de la part d'un des
époux le divorce par la volonté d'un seul, quel
intérêt, dites-le-moi donc, offrira celui ou celle
qui, se cramponnant à un être qui ne l'aime
plus, qui le déteste parfois avec raison, ne peut
motiver son refus à divorcer que par la rancune,
la vengeance, la jalousie ou l'âpreté d'argent ?
Trouvez-vous donc immoral que, contre ce
conjoint sans noblesse, sans bonté, intolérant et
cupide, l'autre exerce la répudiation ?

Mais il peut advenir que celui qui n'a rien à se
reprocher se voit délaissé par l'autre, envoûté
par une passion subite ou par l'espoir d'une
fortune supérieure. Une telle situation, certes,
est douloureuse et digne de pitié. Mais cette
pitié ne sera méritée qu'autant que la victime innocente n'impose pas un refus de re-
présailles, ou une revendication à conserver
des bénéfices sociaux. Quelle âme vraiment
élevée, sincèrement désintéressée, voudrait
maintenir à ses côtés de force celui ou celle qui
veut le quitter ? Quelle âme délicate ne rendrait.

fut-ce au prix du plus cruel déchirement, sa liberté à l'ingrat, au volage, au déserteur ou à la déserteuse ? Peut-on se prévaloir d'un contrat qui ne tire sa vertu que de son exécution libre et volontaire ? S'aliène-t-on devant le maire, quoiqu'il puisse survenir par la suite ? Est-ce qu'on se marie pour subir le dol, le mensonge, la trahison, la souffrance ? Est-ce que le fait seul que le contrat cesse d'être exécuté d'une part ou de l'autre, n'entraîne pas sa résiliation ?

Mais le dommage commis, dira-t-on, envers le délaissé ou la délaissée ? Ah ! disons s'il vous plaît, envers la délaissée seule ! Un homme a des bras, un cerveau pour travailler, et ne saurait sans déshonneur réclamer une compensation pécuniaire !

Il est bien certain que, pour la délaissée, le dommage devra être évalué et taxé ; il est bien évident que, à l'épouse quittée injustement et spoliée des profits de l'union, une réparation devra être donnée.

Mais, objecte-t-on encore, s'il s'agit d'un coup de tête, de la part du demandeur ou de la demanderesse, n'est-il pas à craindre qu'un divorce trop hâtif ne brise un lien qui eut pu se renouer par la suite ?

Exigez en ce cas que la volonté de divorcer se manifeste à des intervalles fixes, et ne pronpncez le divorce qu'après, s'il le faut, trois ans et significations manifestes et réitérées. Mais ne condamnez plus des êtres libres, et qui n'ont pas prononcé des vœux éternels, à rester rivés pour leur honte et leur douleur à un conjoint quipeut, comme cela existe aujourd'hui encore, peser sur lui de son poids abhorré, l'empêcher de recréer un ménage, le condamne ou à un célibat morne ou à une liaison irrégulière et des enfants adultérins.

La volonté d'un seul, entourée de prudentes garanties, doit avoir sa place dans un divorce élargi, rendu plus libre et plus humain.

———

LE PARTAGE DE L'ENFANT

Oui, le sort de l'enfant, des enfants dans le divorce est à plaindre. Il en est de sensibilité vive, à qui les nouvelles conditions de vie imposées par le jugement causent de la souffrance, passagère ou profonde, mais en tous cas transitoires puisque le propre de l'enfant est de grandir, d'évoluer, de s'adapter surtout avec la souplesse particulière aux êtres jeunes. Sans doute, pour celui qui aime son père ou sa mère, le fait d'être déplanté en deux foyers distincts, et parfois dans celui qui convient le moins à sa tendresse, ou encore d'être placé prématurément dans une pension, sont des causes d'amertume profonde.

Le partage de l'enfant est certainement déplorable, mais il condamne moins le divorce, liquidation d'une faillite, que ceux, ou celui ou celle qui ont provoqué cette faillite par leurs torts et causé ainsi à l'innocent, qui n'en peut mais, une situation aussi pénible.

Quand on plaint les enfants, on oublie que trop souvent, dans un ménage en discorde, leur instinct les attache, par des préférences souvent inexpliquées, soit à leur père, soit à leur mère, et que, de l'attribution après divorce à celui-ci ou à celle-là, dépend que ces petits êtres soient heureux ou malheureux.

Si le partage de l'enfant était appliqué toujours par les tribunaux avec discernement et équité, les chances de souffrir seraient sinon entièrement épargnées, du moins très diminuées pour lui. Il veut aimer et être aimé lorsque sa nature est tendre. Sinon il lui suffit d'être amusé et gâté, ce qui est le cas le plus ordinaire, et permet souvent au moins intéressant des époux de se créer une influence déloyale et corruptrice.

Le malheur veut que les Tribunaux, s'estimant liés par un article du Code empreint de la pire Morale sexuelle, — toujours elle ! — donnent presque toujours l'enfant au conjoint qui a obtenu le divorce, comme si celui-là était nécessairement le meilleur, le plus digne éducateur, le plus qualifié. Par là et dans ses conséquences, le divorce se montre bien un châtiment légal, surtout lorsqu'il est la suite de l'adultère.

On étonnerait beaucoup de gens — et cependant ce n'est là que l'exacte vérité — en assurant que l'adultère n'est pas toujours criminel, et qu'il peut faire valoir des excuses chez un conjoint malheureux et poussé à bout. On étonnerait singulièrement les mêmes gens en leur disant que ce n'est pas selon l'idée sexuelle de la souillure de la chair et l'opprobre du péché, qu'il convient d'apprécier la valeur morale de celui contre lequel le divorce est prononcé.

Il se peut que « le » ou « la » coupable soit malgré « sa faute » apparente ou réelle, bien mieux désigné que l'autre époux pour entourer d'amour et de sollicitude l'enfant. Combien de fois, sous prétexte d'indignité, les Juges refusent-ils celui-ci à la mère uniquement parce que le père, lui, a profité de tous les alibis de son métier d'homme et a su tromper impudemment sa femme sans se faire prendre. Combien de fois l'enfant grandirait plus heureux, plus aimé, mieux élevé, plus instruit, dans un second ménage irrégulier, que chez celui ou celle qui, fort de sa légalité pharisienne, conserve une hypocrite façade !

N'objectez pas que les décisions, prises en matière de garde d'enfants, sont toujours modifiables et révocables ; sept fois sur dix, l'enfant

n'est jamais confié à celui ou à celle qui se con-
sacrerait, fut-il « coupable », à son développe-
ment physique et moral.

Heureusement que la plupart des enfants ont
un don d'illusion et une ignorance de la vie qui
ouatent autour d'eux les contacts et leur per-
mettent de croître sans trop de dépaysement et
sans une sensation trop cruelle d'isolement.
Voyez, sauf exceptions rares, avec quelle facilité
l'enfant, s'il est encore petit, accepte et supporte
la mort de l'un des siens ; voyez comme il se plie
à la servitude souvent odieuse de l'école ou du
lycée. Il faut se dire surtout que sa vie personnelle occupera bientôt de plus en plus son
égoïsme ingénu. Une fois grand, l'adolescent le
plus aimant, le plus aimé, se détache comme un
fruit de l'arbre familial et fait sa propre destinée, souvent loin de ses parents.

Serait-il juste qu'au nom de souffrances provisoires, et rarement exceptionnelles de leurs
enfants, les parents renoncent à leurs propres
chances de se réserver pour plus tard une existence tolérable, sinon de bonheur parfait, du
moins de malheur réduit ? L'humanité répond :

- Non.

CHINOISERIES DU DIVORCE

Cette histoire-là, c'est du Courteline, du bon, du très bon Courteline ! Ça a la simplicité d'une fable et l'infaillible rigueur d'un théorème. C'est moral et c'est absurde. C'est du comique éternel.

Il y avait une fois, — oh ! pas avant le déluge, avant-hier, simplement, — un brave homme désireux d'obtenir son divorce. Il était... (le mot est dans Molière). Il l'était, non imaginaire, mais réel. Sa douce moitié convolait en d'illicites noces et de frauduleux rendez-vous avec un amant enthousiaste, dans un de ces appartements garnis de façon modeste, mais suffisante, qui abritent le vice aimable.

Il voulait donc la pincer, au figuré s'entend, la pincer en flagrant-délit.

Rien de plus simple, pensez-vous. Erreur, erreur grave. Rien de plus compliqué, rien de plus difficile au contraire.

Vous n'ignorez pas que la loi n'intervient qu'à certaines heures, dites légales. Si bien qu'il suffit de remonter exactement sa montre et de s'assurer qu'elle ne retarde pas, pour ne se faire jamais prendre en contravention.

D'ailleurs, même pour une constatation en règle, le commissaire ne se laisse pas déranger si facilement. L'affirmation de l'intéressé ne lui suffit pas. Il faut qu'on lui présente des papiers paraphés : être... ce que vous savez, n'est ni une preuve ni une excuse. Il importe que le parquet, saisi de la plainte, ait mis en quelque sorte la Loi au service du mari, actionne valablement le commissaire.

Or, notre homme, — c'est le mari que je veux dire, — n'avait pu encore, pour un motif ou un autre, faire constater son infortune : soit que les coupables ne se vissent qu'aux heures où le respect de la liberté individuelle empêche le commissaire d'opérer, soit que cet honorable fonctionnaire ne voulut pas ceindre son écharpe sans mandat, soit qu'il se fût dérangé une fois pour rien, soit que le nez du mari ne lui revint pas, soit pour toute autre raison.

Et cependant l'adultère se consommait toujours, il se consommait avec frénésie, avec insolence, avec défi.

Une nuit, le mari, las de surveiller la rue et la

maison du crime, voyant poindre l'aube blême
et songeant que l'alouette matinale allait ré-
veiller Roméo et sa bien-aimée et les séparer
jusqu'au prochain rendez-vous, le mari, à la fois
exaspéré et ravi, se précipita chez le commissaire de police.

« Cette fois, je les tiens, pensait-il avec rage
et délices ! Oui, mais si je dis au commissaire la
simple, la nue, oh ! probablement très nue vérité, il m'enverra promener, comme les autres
fois. Il me faut donc user d'artifice et l'ame-
ner, sans qu'il s'en doute, à verbaliser congrû-
ment ».

Sur ce, arrivé au commissariat, il fit un tapage
du diable. Le commissaire dormait : tant pis,
qu'on le réveillât ! — Mais !... Il n'y avait pas de
mais ! Il voulait voir le commissaire, et sur
l'heure ! Affaire urgente, question d'Etat !

On réveille le commissaire, et quand ce magistrat, les yeux bouffis de sommeil, consent à
l'écouter, l'astucieux mari dévide l'histoire ingé-
nieuse qui suit :

— Ah ! monsieur le Commissaire ! Comme en a
raison de dire que l'amour perdit Troie ! Il m'a
perdu, moi qui vous parle, moi et mon portefeuille, avec quinze cents francs dedans ! L'amour,
était-ce l'amour ?... Au moins le désir, le libertin
désir ; car, un père de l'Eglise l'a dit, vous ne

l'ignorez pas, la chair est faible. Une femme passe, on la suit. Ça vous mène loin; au plus prochain hôtel meublé. Et là, l'entôlage ! Entôlé, monsieur le Commissaire : mon porteuille, mes beaux billets bleus !... Vous avouerez que c'est cher, trop cher pour une minute d'égarement. Mais venez, venez vite ! La voleuse, comme la pie, est encore au nid ! Venez l'arrêter et me rendre mon portefeuille avec mes quinze cents francs !... »

Il en dit tant, et avec une émotion si pathétique que le commissaire, — on ne saurait trop admirer son zèle et son sentiment du devoir, — l'accompagna immédiatement : le temps de prendre son écharpe et son chapeau.

On arrive : — Toc ! Toc ! Ouvrez, au nom de la loi !

Chuchotements derrière la cloison, bruit d'une chaise qui tombe, et le Commissaire aperçoit, blottie entre les draps d'un lit large pour deux, une femme, d'ailleurs agréable et, debout, fort penaud, un monsieur en chemise.

Un ricanement de triomphe. C'est le mari, se redressant de toute sa taille, qui, la voix mordante, déclare :

— Et maintenant, monsieur le Commissaire, j'ai l'honneur de vous présenter ma femme, qui me trompe, — vous n'en douterez pas, — et

Monsieur qui est son amant. Verbalisez, Monsieur, verbalisez, s'il vous plaît !

Que vouliez-vous que fît le Commissaire? La chambre, les complices, les oreillers, le lit, tout parlait, tout criait le flagrant délit. Il verbalisa.

Satanique, le mari se frottait les mains : Il aurait son divorce, il l'avait déjà, il le tenait.

Le Commissaire avait rédigé son procès-verbal. Il le fit signer à Madame, à Monsieur, et à l'autre. Puis se retournant vers le mari.

— C'est parfait. Seulement, comme vous vous êtes fichu de moi, comme vous avez extorqué mon intervention sous un motif fallacieux, — ce qui est attentatoire au respect de la justice et ridiculise mon caractère officiel, — je vais vous poursuivre pour outrages à la magistrature.

Tableau !

Et l'admirable est que le Commissaire est dans son droit. Le mari aussi. Et les amants pourraient plaider qu'ils y étaient également : ils le plaideront, soyez-en sûr. Le mari sera sans doute débouté, sous prétexte qu'il a fait constater l'adultère par fraude en dehors de l'heure légale. Et il sera, c'est vraisemblable, condamné, pour avoir indûment dérangé le Commissaire.

Alors, il devait rester cocu (tant pis, le mot est dans Molière!) toute sa vie?...

Oui.

N'est-ce pas que cette histoire est drôle ? Drôle et amère. On voit qu'elle est vraie.

DÉLAIS ET PAPERASSES

Le divorce, dit-on, s'est beaucoup simplifié depuis 1885 : c'est exact. Exact pour les époux d'une certaine qualité bourgeoise qui consentent à un accord tacite et s'en remettent à leurs avoués pour formuler des griefs pertinents et admissibles.

En ce cas, en effet, la procédure est simple, elle se borne aux conclusions du demandeur : *Attendu que Mlle X..., a gravement manqué à la foi conjugale...*

Et aux conclusions de la demanderesse : *Attendu que la demande de Mme X... n'est ni recevable ni fondée...*

On épingle la réponse sur la demande, et, pour peu que les plaideurs soient honnêtes, et les griefs du demandeur fondés (une habile simulation y suffit), le Tribunal évite aux époux mal assortis les lenteurs du rôle, l'éclat des plaidoiries et prononce le divorce. Affaire d'un mois.

Mais il y a, et c'est assez fréquent pour justifier le divorce par la volonté d'un seul, des conjoints résolus à défendre une mauvaise cause et, en certains cas rares, une bonne cause, soit qu'ils y voient un avantage matériel, soit qu'ils assouvissent aussi leur rancune ou leur jalousie. Alors, paperasses et délais se multiplient comme autant de chevaux de frise et de fils de fer barbelés.

Suivons un de ces divorces.

Le demandeur présente sa requête au président, qui fixe la date de comparution des parties. Il les reçoit en conciliation et libelle son ordonnance. Assignation est donnée, le tribunal est saisi. L'affaire, inscrite au rôle, est appelée, remise. Si la demande ne s'établit pas *de plano*, on ordonne l'enquête. L'affaire est rappelée, remise, revient, disparaît comme le bouchon sur la vague. Enfin le tribunal statue.

Comptons maintenant les actes et le temps qu'il faut pour les accomplir.

1° Requête de divorce, qui doit être présentée au Président par le demandeur lui-même. A Paris, le magistrat impose en général au demandeur un délai de

trois semaines à un mois entre le jour où
la requête est déposée et celui où ilreçoit
la demande . . . .   1 mois

2° Tentative de conciliation. L'ordonnance édictant les mesures provisoires arrive à l'avoué au bout de 15 jours . . .   1/2 mois

3° Assignation devant le Tribunal, mise
au rôle, grimoires d'avoués, procès de
greffe. . . . .   1 mois 1/2

4° Conclusions de l'adversaire, pour
lesquelles la loi accorde quinze jours et
l'usage deux mois. . . . .   2 mois

5° Quand ces conclusions sont posées,
l'affaire prend le rôle. Elle y dort . . .   6 mois

6° Entrée en jeu des avocats. Pour que
l'affaire soit plaidée, il faut l'accord du
Tribunal et des deux avocats : ci : . . .   3 mois

7° Jugement ordonnant les enquêtes. Il
faut le « coucher sur la feuille » le lever,
le signifier, encore de nombreux grimoires . . . .   2 mois

8° Enquête. Le jour en est laissé au
bon plaisir du juge-commissaire qui le
fixe en général 2 mois après. . . . .   2 mois

9° Après les enquêtes, on échange de
nouvelles significations à conclusions, on
fait revenir l'affaire à l'audience. . . .   3 mois

10° Rentrée des avocats, nouvelles plaidoiries . . . .   3 mois

Enfin jugement !

Total :   24 mois

Autant en appel, autant en cassation. C'est le minimum !

Total : SIX ANS !

Je ne prétends pas que cela se voie tous les jours. Mais que ce soit possible, c'est, on l'avouera, une chose renversante. Le divorce par consentement d'un seul, avec de rigoureux délais — trois ans, — prendrait moitié moins de temps.

UNE LOI SAGE

Il ne semble pas qu'on ait assez commenté, lorsqu'elle a paru, — onze ans de cela ! — l'ordonnance du prince de Monaco octroyant le divorce à la Principauté.

Et pourtant, combien intéressant le paraphe noir par lequel Albert Ier, par la grâce de Dieu souverain de Monaco, son Conseil d'Etat entendu, signa la loi qui modifiait dans ses Etats le Code civil en usage jusqu'alors.

De ce petit pays sortit ce jour-là un grand exemple. Une leçon de bon sens, de justice et de progrès.

Car le divorce monégasque allait libéralement bien au delà de notre droit civil français, puisqu'il reconnaît, à la rupture des unions mal assorties, les causes déterminées suivantes :

L'aliénation mentale.

L'épilepsie.

Le délire alcoolique.

La syphilis.

Nous n'avons pas encore cela en France... Et pourtant que de lettres navrantes nous avons reçues ! Une femme nous racontait que depuis vingt-quatre ans, vous lisez bien : *vingt-quatre* ans, elle demeurait rivée au cadavre vivant d'un mari aliéné, loque humaine dans un hospice. Aucun moyen pour cette malheureuse d'avoir pu refaire sa vie, sinon en devenant une concubine et en vivant hors la loi.

Quant à l'épilepsie, qui crée des impulsifs brutaux et meurtriers, qui aliène soudain la personnalité du malade, quant au délire alcoolique, quant à la syphilis, il n'est pas question encore, chez nous, d'y remédier par le divorce libérateur.

Et cependant !... Là encore que de confessions lamentables : femmes qui vivent dans la crainte de l'alcoolique, menacées de mort, frappées de coups, spoliées de vive force, vouées aux gémonies de la misère, voyant souffrir et pleurer leurs petits, condamnés à une terreur de tous les instants !

L'alcoolisme ronge comme un ulcère quantité de nos départements, flétrit la race, tarit les forces saines du peuple ; — et pas un député n'a songé encore à préserver le lit de la femme et le berceau de l'enfant ; car l'alcoolique est un terrible créateur de tares physiologiques : crétinisme, épilepsie, paralysie générale, etc.

La syphilis ? Cette contamination abominable, toujours fatale aux victimes, la femme, l'enfant à naître, croiriez-vous que nos casuistes du Palais, avocats, avoués, juges, ont perdu trente ans à se demander si seulement on devait la considérer comme une injure grave, et partant, comme une cause de divorce ?

On croit rêver quand on voit des choses pareilles. S'il est un motif à rompre le lien conjugal, certes, il n'en est guère de plus justifié. Combien faudra-t-il en France d'articles de presse, quelle pression de l'Opinion publique, combien de discussions oiseuses, combien de joutes oratoires au Parlement pour obtenir ce que, avec un sens si éclairé, le prince de Monaco, dans ses terres, a tranché d'un trait de plume !

Prenons exemple, croyez-moi, sur ce petit Etat qui semble, dans son décor magique de ciel et d'eau, un paradis terrestre artificiel.

Cette loi, qui semble n'importer qu'aux quinze cents habitants et aux trois cent cinquante ménages environ de la Principauté, aurait dû avoir un effet puissant sur les populations qui l'entourent, le pays des trente-six millions d'êtres qui l'enlace.

Et la répercussion aurait dû aller plus loin encore ; car si la France côtoie, de partout, le rocher de Monaco et les jardins de Monte-Carlo, le monde entier aboutit à ce palais des fêtes où l'orchestre des représentations d'art couvre le bruit sourd des rateaux de l'or, voisine avec le brouhaha des Palaces et le crépitement du tir aux pigeons.

Une comparaison éloquente aurait dû s'imposer.

Quoi, dans ce coin de terre ensoleillé, la loi humaine est en harmonie avec la splendeur des choses ; quoi, un ménage monégasque pourra en quelques mois, s'il est malheureux, se dissoudre et se reformer pour des unions meilleures ; et, à cent mètres, à dix mètres de là, un ménage français devra agoniser lentement, croupir dans l'étau d'un Code inhumain et suranné !

Voilà qui devrait parler à l'esprit, au cœur, à la conscience.

Et comme me le fit remarquer M. Roussel, rapporteur de l'ordonnance devant le Conseil d'État, ce n'était pas seulement la contamination par syphilis qui motive le divorce, mais le seul risque de contamination, et alors même que l'intéressé, sinon l'intéressant personnage, pourrait arguer de son ignorance.

La loi, — et le cas est assez rare pour que nous le remarquions — se faisait préservatrice ; elle n'attendait pas que le mal ait eu lieu, que le crime, volontaire ou non, fût commis. Elle sauvait d'abord les innocents ; et rien que ce noble souci eut honoré la nouvelle loi monégasque.

Il y a mieux. Le huis-clos était spécialement ordonné dans les cas précisés plus haut ; et c'est de haute moralité. Chez nous, des divorces semblables seraient un combat honteux à coups de déloyales et malpropres procédures, de plaidoiries assassines, de débats scandaleux.

Nous ne pouvons qu'applaudir à un tel respect de la dignité humaine.

Tenons-nous en, pour aujourd'hui, à méditer l'ordonnance signée, le 3 juillet 1907, à bord du yacht *Princesse-Alice*, à Trondhjem, Norvège. Elle figura au long dans le *Journal de Monaco* où nos députés et nos sénateurs peuvent la relire, avec profit.

Le prince de Monaco a lancé une bonne semence. A nous de la faire fructifier. Pour cela, comme Candide, bêchons notre jardin. A chaque jour, sa peine. Nul effort n'est perdu !

HISTOIRE D'UNE IDÉE

Peut-être m'est-il permis de rappeler les étapes
de la campagne que nous fîmes, mon frère et
moi, il y a vingt ans, en faveur du divorce. Elle
débuta en 1899 par une série d'articles féministes dans l'*Echo de Paris*, ouvert alors aux
idées les plus larges et riche des plus belles
collaborations littéraires. Nous y posions nettement la question du divorce élargi, tant par le
consentement mutuel que par la volonté d'un
seul.

En décembre 1900 nous allumions le premier
brûlot par une « lettre ouverte » aux sénateurs et
aux députés, que publia le *Figaro*. La même
année parut dans la *Presse* une enquête qui réu-
nissait les noms les plus divers des lettres et de
la politique, enquête qui s'élargit l'an d'après
dans la *Revue* de M. Jean Finot, après publica-

tion de notre étude : *Mariage et Divorce*. Au divorce par consentement mutuel se ralliaient : MM. Raymond Poincaré, Abel Hermant, Marcel Prévost, Auguste Dorchain, Louis Barthou, René Viviani, Mᵉ Henri Coulon, les députés Beauquier, Gerville-Réache, Périllier ; au divorce par la volonté d'un seul, avec des réserves parfois et des conditions de garantie : Jules Case, Lucien Descaves, Edouard Estaunié, J.-Joseph Renaud, Georges Lecomte, Pierre Louys, Mᵉ Louis Leduc, le président Magnaud, Jeanne Marni, Alfred Naquet, Georges de Porto-Riche, Henri de Régnier, Georges Renard, Jules Renard, J.-H. Rosny, le président Seré de Rivières, Camille de Sainte-Croix, Marcelle Tinayre, Gustave Toudouze, Octave Uzanne, Emile Zola, Masson-Forestier, Henry Bérenger, Urbain Gohier, Bradamante (de la Fronde), les députés Morinaud, Gustave Rivet, le sénateur Delpech.

En 1902, paraissait notre roman *Les Deux Vies*, accompagné d'une pétition au Parlement reproduite dans tous les journaux et que M. Gustave Rivet voulut bien déposer sur le bureau de la Chambre. Renvoyée sur son rapport à la Commission de Législation, elle y fut proprement enterrée, ainsi que devaient l'être un projet de loi du Président Magnaud et un autre, de Mᵉ Henri Coulon. A la Chambre le groupe de la Libre-pensée, sous la Présidence de M. Lafferre, nous conviait à exposer nos idées, auxquelles la presse entière, par des discussions passionnées, prêtait un retentissant éclat.

En 1902 également paraissait notre brochure l'*Elargissement du Divorce*. Nous y formulions, avec la collaboration discrète du très haut et libéral magistrat qu'est M. Léon Bulot, un projet de loi soustrayant aux Tribunaux la juridiction des divorces et la confiant, non à l'assemblée de famille qui siégea de 1792 à 1803, mais à un tribunal arbitral de trois personnes.

Ce projet, sur l'adoption duquel nous ne nous faisions aucune illusion, avait un avantage : les arbitres devaient se borner à enregistrer les déclarations de volonté espacées et réitérées des deux ou de l'un des époux ; du coup demeuraient supprimés les dossiers boueux, les procédures compliquées, les plaidoiries diffamatoires. Il laissait, en cas de causes déterminées, les arbitres juges du bien fondé des griefs ; ces arbitres devaient être mariés ou l'avoir été.

Une solution encore plus simple, au moins pour le consentement mutuel et la volonté d'un seul, consisterait en de simples déclarations avec délais fixes, dans les bureaux des mairies.

L'Etat-civil déclare les mariages, pourquoi ne proclamerait-il pas leur dissolution ?

Faute de mieux, et tant que les Tribunaux apprécieront les causes de divorce, le moins qu'on puisse exiger d'eux, c'est la rapidité et le huis clos.

En 1903, un livre de G. Fonsegrive tentait contre nos idées une réfutation courtoise. En 1904 le très beau roman de Paul Bourget, *Le Divorce*, remettait en pleine lumière des arguments diamétralement opposés aux nôtres. *Femina*, dans un de ses numéros, publiant à cette occasion une lettre de Paul Bourget et une de nous, ouvrait auprès des lectrices après cette lutte courtoise une enquête où, selon les conclusions de M. Jacques de Nouvion, notre loyal adversaire, avec 1557 voix contre 1505 à notre actif, obtenait « une majorité relative et nous une minorité de faveur ».

En 1905, notre pièce *Le Cœur et la Loi*, tirée des *Deux Vies* et très discutée à l'Odéon, puis le grand succès en 1908, au Vaudeville, de *Un Divorce* de Paul Bourget et André Cury, opposaient pour la seconde fois, entre le grand écrivain et nous, la bonne foi de nos plaidoyers adverses. Ce fut, avec notre livre : *Quelques Idées*, et notre campagne dans le *Petit Bleu* et la *Dépêche de Toulouse*, comme le bouquet de ce feu d'artifice d'idées brûlantes.

Une accalmie suivit.

Est-ce à dire que la question du divorce soit résolue ? Elle en est loin. Une idée de justice et de liberté ne s'arrête pas avant d'avoir atteint son logique et suprême aboutissement.

Attendons !

LE BILAN D'UNE CAMPAGNE

Si l'on se demande maintenant par quoi s'est traduit, depuis vingt ans, au point de vue législatif, toute l'agitation causée dans les milieux juridiques, féministes ou mondains, dans les journaux, dans le roman, au théâtre, par la campagne en faveur du divorce, non seulement il faut reconnaître que les résultats sont minces et lents, mais encore qu'ils n'ont été obtenus que contre des résistances surprenantes, où républicains et monarchistes contractaient l'alliance la plus disparate.

Récapitulons :

La loi du complice a passé : elle permet à ceux dont le conjoint a divorcé pour grief d'adultère de réparer le tort fait à leur nouveau compagnon de vie, et de légitimer cette seconde union. C'est un pas de fait vers la justice.

Mais, pour être complète, cette loi, que nous devons devant la Chambre à l'initiative courageuse de M. Louis Barthou soutenu par M. Raymond Poincaré, et devant le Sénat au plaidoyer chaleureux de M. Lintilhac, cette loi devait comporter la légitimation dans tous les cas des enfants adultérins. Il était par trop inique que ceux ci, innocents toujours et toujours irresponsables, n'ayant pas demandé à naître, restassent des sacrifiés et des hors la loi, alors que leurs parents rentraient tête haute dans la vie régulière.

La seconde victoire, arrachée après combat à l'inertie du Sénat, a été la transformation de droit, au bout de trois ans, de la séparation de corps en divorce à la requête de l'une des parties. Il fallut pour en arriver là, une véritable bataille : il sembla, tant les débats prirent d'ampleur, que le divorce fut de nouveau remis en cause ; et l'on put mesurer, à l'esprit de réaction qui se dessinait chez des républicains eux-mêmes, à quelles objections se heurteraient le projet de loi du divorce par consentement mutuel et celui pour cause d'absence prolongée ou de folie avérée et durable, extrême limite en ce moment des réformes en train.

Voilà où nous en sommes : loin, on le voit, des espoirs de milliers d'êtres qui souffrent, se débattent, appellent une ère de libération.

Si on n'a pas facilité beaucoup la sortie du mariage, débouclé les cadenas et tiré les verrous, on n'a pas davantage débarrassé suffisamment l'entrée du mariage. Il reste asservi à des formalités encombrantes et dispendieuses qui découragent le peuple.

Peut-être le parti républicain et spécialement le parti socialiste comprendra-t-il toute l'importance de la question du divorce, et à quel point elle soutient et défend les droits de l'Etat laïque contre la séculaire domination de l'Eglise.

En tous cas, le large mouvement d'opinions, la crue montante à laquelle, modestes ouvriers, nous avons mon frère et moi contribué pour notre faible part, ne s'arrêtera pas de sitôt et n'avortera pas, stagnant et enlisé. Il y a trop de souffrances, trop de misères en attente et qui poussent et se soulèvent flot sur flot.

Ce n'est pas en vain que les penseurs, les écrivains, les féministes ardentes, les sociologues se sont jetés dans cette mêlée contre les forces pesantes du dogmatisme, la lourde barrière du passé... Ce n'est pas en vain qu'on a vu naître des œuvres hardies comme celles de Léon Richer : *Le Divorce* ; d'Hugues Le Roux : *Le bilan du Divorce* ; de Camille Mauclair : l'*Amour Physique* ; de Léon Blum : *du Mariage*, entre les vibrants plaidoyers de Naquet, l'*Union libre* ; de Paul Adam : *la Morale de l'Amour* ; de Paul Abram : l'*Evolution du mariage*, et de bien d'autres encore. Ce n'est pas en vain qu'on aura vu s'organiser des forces éclairées comme le Comité de la réforme du Mariage, sous les auspices de M⁰ Henri Coulon et de René de Chavagnes. Ce n'est pas en vain que la question du divorce a sollicité les juristes et empli les thèses des nouveaux docteurs en droit, s'est imposée aux réunions publiques, aux conférences, a rempli les journaux, agité la scène, fait palpiter le livre.

Le divorce intégral, qu'on le veuille ou non, fait partie du programme des libertés de demain. Il rend à l'individu sa valeur humaine et à la Société, au lieu de foyers d'infection, des cellules nouvelles en pleine énergie. Il est un des plus puissants facteurs de l'émancipation morale de la femme et de l'enfant.

Donnons-lui, en l'élargissant, en le complétant, sa valeur assainissante, sa vertu rédemptrice.

LA FAMILLE ET LA SOCIÉTÉ

LA FAMILLE ET LA SOCIÉTÉ

Éducation sexuelle de la jeune fille (et du jeune homme), préparation au mariage pour l'union de cœur et non plus d'intérêts, suppression de la dot, droit à l'amour et même à l'enfant pour la jeune fille, lorsque le mariage lui est impossible, respect dû à la maternité légale ou non : autant de réformes qui ne sont encore que des *Anticipations*, selon le mot de Wells, et qui ne pourront se réaliser que lorsque l'opinion, les mœurs et les lois seront à l'unisson. Il dépend du moins de chacun de nous de hâter cet avènement.

Par contre, toutes les réformes qui relèveraient la condition de la femme dans l'ordre public ou civil, sont mûres et à point, et ne dépendent plus que de textes de lois définitifs.

Pour que la femme soit électrice ou même

éligible, — et le plutôt sera le mieux ! — tout au
plus convient-il d'attendre qu'on ait modifié
notre système électoral ; car, juste en idéolo-
gie et parfaitement injuste dans la pratique, le
suffrage universel appelle au scrutin des masses
ignorantes ou crédules, sans préparation à la
la dignité de leur acte que les promesses empha-
tiques des candidats, le recrutement d'un enthousiasme abreuvé chez les bistros.

Il faut avoir le courage de dire ce que tout le
monde pense. Le suffrage universel a fourni les
preuves de son inperfection, d'abord par le
choix de Parlements médiocres, composés presque uniquement par les professions libérales et
non par les compétences économiques et profes-
sionnelles ; ensuite par le choix de parlements
ne représentant pas, en raison des absten-
tions, l'image fidèle d'une opinion publique que
trop d'électeurs blasés et rebutés renoncent à
exprimer.

De là, cette atmosphère de malaise, de suspi-
cion et d'hostilité même qui enveloppe d'une
généralisation parfois injuste les représentants
de la nation, et qui excite chez eux une irrita-
tion incompréhensive d'autant plus sincère
qu'ils s'estiment naïvement délégués à leur poste
par l'élan de la nation entière. Pour ces raisons
trop évidentes, l'élection des femmes gagnera à

dépendre d'un scrutin amélioré où le nombre aveugle ne fera plus sentir sa pression incertaine, mais où tout ce qui compte et a le droit de compter dans le pays aura sa part d'action morale.

* *
*

Quant à la femme mariée, veuve ou divorcée, il convient de lui accorder, d'urgence, tous les droits d'éducation des enfants et de contrôle dans la conduite du ménage ; il convient aussi de l'affranchir au même titre que l'homme, en lui garantissant la disposition, non seulement de ce qu'elle gagne par son travail, mais de ce qu'elle apporte de son chef.

Mariée, elle ne doit plus être dans son foyer une serve de corps et de volonté. La suppression du délit d'adultère, de l'excuse de meurtre pour le mari, l'établissement du divorce pour des causes déterminées, par consentement mutuel et même par la volonté d'un seul s'imposent d'autant plus immédiats, que certaines de ces mesures, à la veille de la guerre, étaient l'objet de propositions de lois et de rapports devant la Chambre.

Mais, disent les partisans du *statu quo*, cramponnés aux pierres branlantes d'un édifice qui de partout craque, mais alors vous détruisez la famille, cellule de la société, la famille sur laquelle tout repose : l'organisation et la force de la Patrie ?

Eh ! non, nous ne détruisons pas la famille. C'est elle-même qui, d'elle-même, comme tout ce qui est humain, comme tout ce qui vit, évolue et évoluera. Pourquoi une cellule enkystée et pétrifiée, au lieu d'une cellule vivante, en fonction d'énergie et en réaction de l'ambiance ?

Mais elle a évolué de tout temps, la famille ! Il n'est que d'ouvrir les yeux pour le constater. Est-ce que les rapports des enfants et des parents sont ce qu'ils étaient avant la Révolution ? Est-ce que, à l'autorité sévère et distante d'autrefois, n'a pas succédé une direction plus douce et plus familière ? Est-ce que les lois récentes sur le mariage jeune, le remariage avec son complice, est-ce que la transformation au bout de trois ans de la séparation de corps en divorce, est-ce que la possibilité de légitimer des enfants adultérins n'ont pas modifié déjà profondément la famille ?

Pourquoi donc resterait-elle immuable dans le courant universel ? Par quel arbitraire et infructueux abus d'autorité prétendez-vous la paralyser ?

La famille restera toujours la famille, et sur cette forte assise vraisemblablement reposera toujours la Société ; mais plus il entrera d'air, de lumière, de souplesse dans cet organisme essentiel, plus l'intérêt général en profitera. Est-ce que, selon les pays, la famille ne subit pas des modalités différentes ? Est-ce que les événements, les bouleversements sociaux ne la transforment pas? Est-ce que la guerre l'aura secouée en vain ?

C'est fatal, rien n'y peut : vivre, c'est changer ! La famille d'aujourd'hui a vécu ; soit, mais celle de demain est déjà vivante !

TABLE DES MATIÈRES

IMPRIMERIE BUSSIÈRE — SAINT-AMAND (CHER).